para Mary
e Zuenir Ventura,
e para quem
ama e acredita no Rio

ORGANIZAÇÃO/
COORDENAÇÃO EDITORIAL
Elisa Ventura
Isabella Rosado Nunes
Mauro Ventura

EDIÇÃO
Isabella Rosado Nunes
Mauro Ventura

PROJETO GRÁFICO E DIAGRAMAÇÃO
Sônia Barreto

TRANSCRIÇÃO DAS ENTREVISTAS
Lucas Gomes
Marina Nunes Martins

REVISÃO
José Figueiredo
BR75 | Clarisse Cintra

TRATAMENTO DE IMAGENS
Adilson Liporage

FOTOS CAPA E CONTRACAPA
João Roberto Ripper
Bira Carvalho

FOTO ZUENIR VENTURA
Renato Carlos | TV Zero

@blooks
@mina.com.arte
@pallaseditora

REALIZAÇÃO

blooks PROJETOS

MINA

PALLAS

Pallas Editora e Distribuidora Ltda.
Rua Frederico de Albuquerque, 56 – Higienópolis
cep 21050-840 – Rio de Janeiro – RJ
Tel.: 21 2270 0186
www.pallaseditora.com.br
pallas@pallaseditora.com.br

CIDADE PARTIDA 30 ANOS DEPOIS

REFLEXÕES SOBRE A OBRA DE ZUENIR VENTURA

“CHEGAREMOS EM CINCO MINUTOS”, avisou Elisa Ventura, que, junto com o irmão, Mauro, vinha com nosso convidado, o pai Zuenir, para uma entrevista especial. Desde que esse projeto *Cidade Partida – 30 Anos Depois* surgiu como ideia, em 2023, sonhávamos com esse momento: voltar um pouco no tempo na companhia de Zuenir e passear por suas memórias e histórias.

Era uma tarde ensolarada do dia 19 de abril de 2024, e os aguardávamos na produtora TV Zero, em Botafogo. Decidimos gravar as entrevistas que estão neste livro com o objetivo de já registrar as cenas para um desejado documentário, dirigido por Roberto Berliner e Luciano Vidigal.

Estávamos ali, ansiosos, Berliner, o cinegrafista Renato Carlos, o operador de som Kim e eu, Isabella Rosado Nunes.

O recepcionista Marquinhos Olécio, com todo o cuidado, pegou nosso convidado no carro, conduzido pelo motorista Gerri, e o trouxe para dentro da casa.

Zuenir Ventura, 93 anos, casado com Mary, pai de Elisa e Mauro, avô de Alice e Eric, jornalista, escritor, grande, gentil, sorridente.

Que dia!

ISABELLA É uma alegria estarmos aqui com você. Que lembranças você tem daquela época?

ZUENIR Eu não tenho boa memória, não vou conseguir me lembrar de detalhes, mas tenho uma memória afetiva. Vou ficar muito emocionado. Mais do que lembrando, revivendo emocionalmente aquela época. Vigário Geral foi para mim um acontecimento. Até hoje, eu me lembro de Vigário Geral. Foi um momento muito emocionante da minha vida. Vigário Geral era distante, uma coisa meio inacessível. Na primeira vez que eu fui, foi um choque, porque era realmente uma outra cidade.

MAURO Eu lembro que você e minha mãe, quando chegaram a esse título, *Cidade partida*, perguntaram-se: "Não é possível que alguém já não tenha juntado essas duas palavras, porque essas duas palavras estão aí".

ZUENIR Exatamente. O curioso é que as duas palavras já existiam, mas ninguém tinha feito essa justaposição. Era uma coisa muito nova em termos de conceito.

MAURO E você não achava que o livro iria fazer esse sucesso todo.

ZUENIR Não, nem pensava. Não tinha a menor ideia de que ia ter repercussão, até porque, quando eu dizia "estou fazendo um livro que fala de cidade partida", era uma coisa meio estranha.

MAURO E fazer o livro permitiu a você encontrar uma nova realidade e novos personagens, tão diferentes entre si, mas dialogando.

ZUENIR E se descobrindo. Para mim, foi um período de descoberta de personagens interessantíssimos. Como Rubem César, que fazia um trabalho incrível à frente do Viva Rio. Foi emocionante assistir a todo aquele movimento de aproximação e de junção das duas cidades. Isso era uma novidade.

ISABELLA Você começa a segunda parte do livro, "O Tempo dos Bárbaros", falando exatamente da sua primeira chegada a Vigário Geral. Vou ler: "Vigário Geral vivia o seu primeiro sábado alegre, depois da chacina. Às 17h, suas ruas de terra batida fervilhavam de calor e de gente. Muitas coisas iriam me impressionar naquela primeira visita, além da presença ostensiva dos traficantes e suas armas medonhas, uma rotina com a qual eu teria que me acostumar nos dez meses seguintes, passado o susto inicial. A meia hora da Zona Sul, a 30 quilômetros do Centro do Rio, eu estava então entrando em outro mundo. A chegada a essa favela plana exige um esforço inesperado. É preciso antes subir e descer 45 graus. Uma passarela apanha o visitante do lado asfaltado e o conduz a nove metros de altura sobre a via férrea, depositando-o do outro lado, num larguinho que funciona como um hall de entrada. Os dois muros altos que cortam o bairro ao meio, isolando a linha do trem, servem também para dar a impressão de que a população vive confinada". E aí você nos conta que "o primeiro conhecido a aparecer foi o Caio Ferraz, líder do Mocovigê, Movimento Comunitário de Vigário Geral". E começa, então, a falar dos encontros a que o Mauro se referiu. Você se lembra desse dia?

ZUENIR Que bom que você leu!

ISABELLA Que bom que você escreveu!

ZUENIR Foi um impacto e uma emoção. A descoberta de um mundo riquíssimo de pessoas, de eventos e de acontecimentos. Tudo era estranho, diferente. Era outra cidade.

MAURO Você já tinha viajado por muitos países e por muitas cidades do Brasil e, de repente, descobre uma cidade dentro da cidade.

ZUENIR Realmente, eu viajei muito. Fiquei um ano na França, conhecia muitas cidades europeias, percorri várias regiões do Brasil.

MAURO A favela que você encontrou era um ambiente muito traumatizado por conta de uma tragédia que havia acabado de acontecer, a Chacina de Vigário Geral.

ZUENIR Sim, era uma favela marcada por uma realidade muito forte.

ISABELLA Tinha havido no mês anterior a Chacina da Candelária e, em seguida, a chacina em Vigário Geral. Inclusive, na entrevista que você faz com o chefe do tráfico, Flávio Negão, ele conta tudo o que viu durante a chacina. Você se lembra dessa conversa com o Flávio Negão?

ZUENIR Eu me lembro de que fui muito patrulhado por colegas jornalistas porque entrevistei um bandido. Eu achava que era importante, porque eu queria conhecer a cabeça daquele jovem. O que ele faz, o que ele pensa. Passou pela minha cabeça: "Ele vai me matar?". Mas achei importante dar a voz ao traficante, que, na verdade, é exatamente quem não tem voz, porque a sociedade pensa que ele só sabe atirar. Tinha gente que achava que eu estava dando voz ao bandido. Essa expressão "você está dando voz ao bandido" era como se eu estivesse assumindo, legitimando e aplaudindo aquelas cenas. E se dizia que era preciso manter distância dos traficantes. Hoje é natural entrevistar bandido, ver o que ele pensa. Mas naquele momento não era uma coisa simples, era realmente uma maldição. Não tinha que falar com bandido. Mas eu queria saber o que aquele rapaz pensava. Eu disse: "Quero saber o que tem na cabeça desse jovem, quase um garoto". Era um ser humano, também, mas capaz de tamanha crueldade. "Como ele enfrenta isso?", eu me perguntava. Eu estava certo de que era importante ouvi-lo. Então, foi uma experiência fundamental, muito dolorosa também, porque é um mergulho em outro mundo, em outra realidade, em outra cabeça. Eu chegava em casa exaurido, mas não de preocupação. Era muito forte porque tudo que ele dizia era novidade para mim. Aquilo para mim era chocante, mas para ele era normal, ele assumia com naturalidade todos os crimes que cometera. O mesmo choque que as pessoas tiveram ao ler o livro, eu tive ao entrevistá-lo.

ISABELLA Você escutou o bandido e revelou também que ele se via, se reconhecia como um empreendedor, que cuidava de uma série de pessoas da comunidade, incentivando a abertura de pequenos comércios.

ZUENIR Eu queria mostrar que esse cara não era um monstro. Era um ser humano como nós, que também poderíamos estar naquele lugar. Porque essa atitude de afastar o mal, de não querer saber, não adianta. Então, eu não me arrependo de ter feito a entrevista, pelo contrário.

ISABELLA Uma parte que me chamou atenção na entrevista é quando você pergunta a ele sobre a morte, sobre morrer cedo, sobre o tempo que ele ainda tinha de vida *(Flávio Negão acabaria morrendo em 1995, aos 25 anos, numa troca de tiros com policiais do Bope).* Quando ele te diz que não quer ser preso porque sabe que vai morrer, a gente percebe a sua preocupação diante disso, de uma morte que poderia chegar cedo.

ZUENIR Eu queria entender o que pensava aquele jovem, muito mais novo que eu. A polícia queria realmente estraçalhá-lo. Era visto como um "monstro", que não pertencia ao gênero humano.

MAURO Você queria entender as motivações que levaram aquele rapaz ao mundo do crime. Ele era amigo de infância do Caio Ferraz, e os dois tomaram caminhos absolutamente distintos. Um se torna sociólogo, líder comunitário, enquanto o amigo vira traficante. Acho que você também procurava compreender um pouco esses dois personagens, que são centrais no livro, que crescem no mesmo ambiente, que são amigos de infância e que vão para caminhos opostos.

ZUENIR Isso me grilava. Era realmente um enigma que a gente não sabia como decifrar.

MAURO Entrevistá-lo era uma forma de entender isso também.

ISABELLA Você foi a alguns churrascos em Vigário Geral.

ZUENIR Fui. Minha mulher ficava preocupada porque eu ficava o dia inteiro lá.

ISABELLA Em um desses churrascos, você relata a sua surpresa ao encontrar músicas de Raul Seixas, poesias nas paredes, o próprio Caio recitando uma série de trechos de livros que ele lia de autores filósofos. Você fala: "Eu descobri". E eu acho que do lado do leitor é: você desvelou, nem revelou, acho que desvelou mesmo. Como foi essa sua conexão ao ver que ali se produzia cultura, pensamento?

ZUENIR Foi uma experiência fantástica ficar visitando uma favela que era uma imagem do mal. Era um mundo de revelações para mim.

MAURO Era uma favela que estava muito estigmatizada e marcada pela violência, pelo crime e pela tragédia. E, de repente, você mostra a potência cultural e social de Vigário.

ZUENIR Exatamente. Era uma realidade nova para mim e para quem estava lendo. Mas havia pessoas que reagiam: "Não quero ouvir, não quero saber". Essa coisa de não querer olhar o que tem de humano naquele mundo. Tinha muita gente que olhava com muita estranheza. Como que eu podia estar admirando aquele mundo? Ou vivendo? As pessoas perguntavam: "Você esteve lá? Você esteve em Vigário Geral?". Eu respondia: "Passei lá o fim de semana". Era olhado como um cara perdido para os bandidos.

ISABELLA Tem um momento em que você volta para o Flávio Negão para pedir autorização a ele para publicar a entrevista no livro. Você foi com Caio Ferraz e manifestou uma preocupação: "Eu não quero te expor", disse. Ele não só concordou com a publicação como ainda revelou que o esquema criminoso era muito maior, que nem começava nem terminava nele e na favela. É o capítulo que você denominou de "Mulas sem Cabeça".

MAURO É porque existe a tendência de que, quando um bandido ganha visibilidade na imprensa, ele é transformado em inimigo número um. E aí tem uma pressão da sociedade para que a polícia, para que as autoridades corram atrás, prendam, matem. Talvez você tenha pedido autorização porque teve a preocupação de que, quando fosse publicada a entrevista, ele se tornasse o alvo preferencial.

ZUENIR E vocês, em casa, não se preocupavam com essas idas à favela?

MAURO Não havia uma preocupação muito grande de minha parte. Talvez por não dimensionar os riscos, quem sabe porque você poupasse a gente de detalhes como estar cercado de armas ostensivas. Ou porque já estávamos acostumados a que você sempre gostasse de assumir riscos, de ser curioso, de se interessar por novidades. Já tinha ido ao Acre por conta do caso Chico Mendes, já tinha passado um tempo acompanhando a Caravana da Cidadania do então candidato Lula, já tinha enfrentado a ditadura militar, entre muitas outras aventuras. Eu mesmo acho que já era muito velho para ter essa sua disposição de passar todo fim de semana durante dez meses em Vigário Geral *(risos)*. Seja como for, apesar de também jornalista e com apenas 30 anos, eu não tive esse interesse que você teve de conhecer essa outra realidade. E você na época já era um jornalista consagrado, já tinha mais de 60 anos, e ainda assim se dispôs a passar dez meses em Vigário Geral, e sem saber direito o que ia resultar daquilo. Porque você não estava pensando "vou fazer um livro que vai mudar a minha vida, que vai virar um *best-seller*". Não era nada disso. Era o interesse genuíno de conhecer nossa cidade em todas as suas dimensões.

ZUENIR Isso é verdade, eu não tinha a menor ideia sequer de que ia virar livro. Eu não pensava nisso, isso veio depois. Era realmente a curiosidade de um cidadão de conhecer o outro lado da cidade. Você pegava um carro, em meia hora estava em Vigário Geral, e entrava em outro mundo, outra realidade.

MAURO Era um inconformismo com essa sociedade partida e uma curiosidade de conhecer e tratar dessas outras dimensões da cidade.

ZUENIR Curiosidade de velho, né? Velho assanhado *(risos)*.

ISABELLA Em algumas entrevistas ao longo desses 30 anos, você se referiu ao *Cidade partida* como um livro-reportagem.

ZUENIR Exatamente. Eu relato uma vivência, uma realidade diferente, nova. Para mim, tudo era estranho.

MAURO Era bem nessa linha do jornalismo literário. É um livro-reportagem, mas com uma linguagem literária. E, como ele é também personagem, isso aproxima o leitor, que acompanha um pouco esse estranhamento, de um homem branco, da classe média, que não conhece esse mundo. A gente se vê também refletido ali. Porque você mostra todas as suas impressões, inquietações, dúvidas, descobertas, para o bem e para o mal.

ISABELLA Um capítulo do livro se intitula "Onde Estão as Vozes do Rio?". Naquele momento, você quis buscar e encontrar essas vozes?

ZUENIR Exatamente. Eu achava o seguinte: primeiro, que vozes são essas? O Rio sempre foi uma cidade que tem vozes muito fortes, mas tem também outras vozes escondidas, que não apareciam. Então, eu estava descobrindo outras vozes da cidade.

ISABELLA Outro capítulo fala dos encontros em que diferentes personagens se unem para buscar soluções para a cidade. Você não acha que, com o livro, também fez uma costura?

ZUENIR Eu acho que um pouco, sim. Aquilo de duas cidades me incomodava. Porque você tinha a imagem de uma cidade tão bonita, que ganhou o apelido de Cidade Maravilhosa, mas de repente tem outra realidade, fortíssima, que não aparece muito, que fica encoberta e que parece que não existe. Esse enigma me incomodava muito.

MAURO Hoje é muito comum se falar da potência das favelas. Mas naquela época, 30 anos atrás, você já falava dessa riqueza, que não era tão visível como hoje.

LUCIANO A favela foi reproduzida muitas vezes por estereótipos, muita coisa ligada ao que você falou: "Nossa, eu via muita maldade naquele lugar". E aí, quando você foi a esse lugar, você humanizou o líder comunitário, deu voz ao traficante. O que o levou a Vigário Geral? Por que você resolveu ir e promover as vozes daquelas pessoas? O que o moveu a ir a uma favela depois de uma chacina, depois de tudo o que as imagens passavam de nós, moradores de favela?

ZUENIR Essa pergunta é muito boa porque é exatamente o que eu mesmo me pergunto, sobre o que eu estava fazendo naquele momento. Por que eu estava lá e não em casa? É claro que tinha uma curiosidade de jornalista. Nós somos muito curiosos, muito enxeridos. Então tinha isso de descobrir uma realidade cultural mais ou menos oculta. Mas também tinha o desejo de conhecer a outra cidade, mais pobre e completamente diferente daquela imagem que se tinha do Rio. Eu queria ver esse mistério de uma cidade ao mesmo tempo tão agradável e amistosa e tão violenta. O que estava atrás da fachada.

MAURO Havia um estereótipo, um estigma. Eu acho que você ajudou a desvelar o que havia por trás. O livro deu muito trabalho, exigiu um esforço de reportagem muito grande. Você chegou a ir ao presídio Bangu 1 conversar com bandidos para conhecer um pouco daquele submundo.

ISABELLA E o funk?

ZUENIR O funk é um desses fenômenos da periferia, que veio invadindo toda a cidade. Como tudo, vi que ele era mais matizado, mais rico do que se pensava. Não era nem o paraíso nem o inferno. A periferia do Rio sempre foi muito criativa.

MAURO Você inclusive foi a baile funk durante a pesquisa do livro.

ISABELLA O Manoel (Ribeiro) foi quem pegou você pelas mãos e levou.

ZUENIR Isso, foi o Manoel.

LUCIANO Tem uma hora em que Flávio Negão fala pra você: "Quando você entrou na favela, eu já sabia onde você tava". Ele tinha um domínio sobre onde você estava a cada momento. Eu morei no Vidigal durante muitos anos, saí só no ano passado, e lá os traficantes têm as leis deles. Às vezes morre um deles e tem que fechar tudo. Às vezes vai ter uma invasão, e a gente tem que ficar em casa. Como também o asfalto tem leis. Hoje, há muitas facções do tráfico, a milícia, as polícias, os governantes estipulando leis para nós, cidadãos. Trinta anos depois, o que mudou?

ZUENIR Sob vários aspectos, o Rio piorou. "Ah, mas não é possível." É possível, sim. Hoje há uma presença maior dessas forças do mal. Há uma variedade de males, de facções, de milícias, de narcomilícias, que não existiam e que estão muito atuantes e poderosas. É meio complicado falar nas duas realidades e dizer "Ah, ela é melhor ou pior", mas, na verdade, essas realidades criminosas que tem hoje não existiam naquela época. As pessoas dizem: "Ah, não é mais cidade partida" e tal, e eu respondo: "É tripartida".

ROBERTO Zuenir, a gente vai fazer um documentário sobre os 30 anos de *Cidade partida* e vai mostrá-lo para uma geração que pouco conhece você. Então, eu queria que você se apresentasse, subjetivamente, este Zuenir de hoje em dia, que passou por tantas experiências. Quem é você?

ZUENIR Eu sou um velho assanhado *(risos)*. Vou fazer 93 anos neste ano de 2024. Discuti outro dia com a Mary que eram 92. "É claro que são 92 anos, nasci em 1931." Ela: "Tá bem, então tá. Se você acha que...". Enfim, acabei me convencendo de que vou fazer mesmo 93 anos no dia 1º de junho. Pode me dar os parabéns antes, não tem problema. Eu sou uma criatura curiosa, que começou a vida como pintor de parede. Meu pai era pintor, eu era ajudante dele e foi como pintor de parede que eu me lancei no mundo. Esse foi meu primeiro ofício. Nasci em Porto Novo da Cunha *(atual Além Paraíba)*, em Minas Gerais, fui criança para Ponte Nova, em seguida moramos em Nova Friburgo, antes de ir para o Rio. Depois de ser ajudante de meu pai, fui garçom, vendedor em camisaria, faxineiro em laboratório de prótese dentária. Aí fiz faculdade de Filosofia e fiquei por aí, lecionando, aquela coisa que eu gostava de fazer. Até entrar para o jornalismo. Hoje o que eu faço? Não faço nada. Eu gosto dos meus filhos, sou apaixonado pelos dois.

MAURO E pelos netos.

ISABELLA Mas você é um contador de histórias.

ZUENIR Sou um contador de histórias. Mas mau, né? Minha neta Alice é muito crítica. Hoje ela já não faz mais isso, mas, quando eu falava "Alice, você é a melhor neta que tem", ela dizia: "Também, sou a única, né?". Mas de qualquer modo a paixão da minha vida são os dois netos, Alice e Eric. A minha felicidade está neles. E não falo dos filhos porque estão aqui presentes. Mas Elisa e Mauro são uma preciosidade.

ROBERTO Eu queria que você falasse do seu ofício de jornalista.

ZUENIR Eu fazia jornalismo diário, trabalhei em jornal muito tempo. *Tribuna da Imprensa*, *Jornal do Brasil*, *O Globo* e tal, sempre como repórter e depois como chefe. Hoje, eventualmente, faço coisas para jornal. Eu gosto de fazer reportagem, mas parei. Pode ser que daqui a pouco dê saudade.

ROBERTO O que é o ofício do jornalismo? Como é que você define?

ZUENIR O jornalismo supre a sua curiosidade, é o tipo de atividade que completa toda a vontade que você tem de saber das coisas.

Todo jornalista é curioso. A curiosidade é e tem que ser inerente ao jornalista. É uma vontade de conseguir suprir as suas necessidades psicológicas.

LUCIANO Eu queria te dizer que não tem como não me emocionar, porque eu li o teu livro no Ensino Médio, lá na Favela do Vidigal, na Escola Almirante Tamandaré, onde eu estudava. Mexeu muito comigo. E quando a Isabella leu o seu relato falando sobre o que você esperava da cidade... a gente é amante desta cidade e por isso tem questionamentos. Mas você falou de sonhos. Martin Luther King tinha o sonho de acabar com o racismo, que mata até hoje. Você sempre me inspirou quando falava que a gente sonhava, e ainda sonha, em não ter uma cidade partida.

ISABELLA Você manifestou um desejo, em 2010: "Eu gostaria muito de poder escrever, ainda em vida, alguma coisa contra a cidade partida, que pudesse ser a cidade unida. Isso me pesa muito pelo fato de ter escrito 'Cidade Partida', e isso ter virado um bordão. Eu gostaria muito que fosse substituído por um outro e ainda tenho a esperança de que o Rio atenda à sua vocação. A vocação do encontro, da festa, da comemoração. O Rio é uma cidade do encontro, não é uma cidade da segregação. Esse *apartheid* social é uma circunstância que vai ser vencida com o tempo. Eu gostaria muito de estar vivo para escrever sobre esse momento". E hoje, o que pensa disso?

ZUENIR É difícil você sonhar com essa união. Eu não gosto de fazer previsão, ainda mais previsão ruim, é muito desagradável. Eu acho que as autoridades fizeram muito pouco para transformar o Rio em uma cidade unida, uma cidade maravilhosa. A gente sabe que a solução está em unir, em juntar a cidade. Mas como fazer isso? Eu realmente não sei. Mas eu adoro o Rio inteiro. Fico dividido pelo fato de que o Rio é uma cidade partida. Fico meio preocupado. Eu digo: "Não, eu que inventei essa coisa, o Rio não é uma cidade partida, eu que inventei". Esse embate veio muitas vezes. Ih, pronto, já sabia que iria ser questionado por ter inventado essa coisa de cidade partida. Mas, enfim, eu realmente gosto muito do Rio. Apesar de tudo e de todos, a gente tem prazer em viver nesta cidade.

ARTIGOS

ENTREVISTAS

ELISA VENTURA
ISABELLA ROSADO NUNES
MAURO VENTURA

O TEMPO, A CIDADE E NÓS

> “Eu gostaria muito de poder escrever, ainda em vida, alguma coisa contra a ‘cidade partida’, que pudesse ser a ‘cidade unida’. Isso me pesa muito, no sentido de que tenha virado um bordão. Eu gostaria muito que fosse substituído por um outro. Eu ainda tenho a esperança de que o Rio atenda à sua vocação da festa, da comemoração. O Rio é uma cidade do encontro, não é uma cidade da segregação. Esse *apartheid* social é uma circunstância que vai ser vencida com o tempo. Eu gostaria muito de estar vivo para escrever sobre esse momento.”
>
> ZUENIR VENTURA

SE EXISTISSE UM DICIONÁRIO DA LÍNGUA PORTUGUESA que catalogasse expressões inventadas por escritoras e escritores cronistas de seus tempos, “cidade partida” poderia ter sido uma das mais importantes e complexas de serem definidas.

O escritor e jornalista Zuenir Ventura não pressentiu que, com seu livro *Cidade partida* (Cia das Letras, 1994), estava criando não só um novo epíteto para a até então Cidade Maravilhosa, como também uma incômoda representação social do Rio de Janeiro.

A partir de suas vivências e observações em diversas frentes, ele iria estimular, ao longo desses 30 anos, reflexões e bons debates entre moradores de diferentes pensamentos e partes da cidade, muitos deles acostumados a uma posição de espectadores.

O “mergulho na favela por dez meses”, como ele definiu as visitas a Vigário Geral, em 1993, acompanhadas pelo sociólogo Caio Ferraz, então morador local, aconteceu imediatamente após as duas chacinas ocorridas no Rio de Janeiro no mesmo ano: na Candelária e, um mês depois, na favela de Vigário Geral.

As chacinas chocaram a cidade pela violência extrema, com o assassinato de dezenas de pessoas, algumas delas crianças, e pelo envolvimento de policiais militares que agiam de forma clandestina, encapuzados, corrompidos, julgando-se autorizados a praticar atos criminosos com as próprias mãos.

O que era reportado, até então, por meio de jornais considerados populares e sanguinários ganhou espaço em outras mídias do Brasil e até de outros países. As notícias invadiram os lares, foram para o mundo. O Rio de Janeiro maravilhoso, da camaradagem de seu povo e das belezas naturais, encobria historicamente uma realidade de desigualdades, violências e discriminações as mais diversas. Encobria o racismo.

E *Cidade partida*, lançado um ano depois das chacinas, veio em forma de livro-reportagem, quase como um roteiro documental de uma sucessão de fatos, que alcançou novas pessoas, inspirando argumentos concordantes e discordantes – nunca indiferentes – para estudos e pesquisas, publicações, projetos sociais, investimento social público e privado.

Zuenir acompanhou dois grupos de cidadãos naquele ano. Um, vindo do "asfalto", iria se organizar como a ONG Viva Rio. O outro, nascido na favela, era formado por jovens e líderes de Vigário Geral. Em suas visitas, encontros e entrevistas, presenciou e denunciou a convivência de contrários: "a alegria e o pranto, a miséria e o prazer, a violência e a solidariedade, a fé e o crime, o tráfico e a vida honesta, a glória efêmera e a resistência muda, o medo, a crueldade, o terror – um cotidiano feito de sofrimento, mas também de uma esperança que às vezes parece inútil". E citou a reforma do prefeito Pereira Passos, no início do século passado, como responsável pela segregação, por ter como "seu principal produto o *apartheid* social".

O livro desvelou para seus leitores o que sobrevivia em silêncios coletivos e desenhou uma proposta de um novo mapa de observação para o Rio de Janeiro. Foram muitas as camadas apresentadas por Zuenir, que passavam pelas questões de pobreza e riqueza, de racismo, de gênero, de acesso aos direitos fundamentais, de onde vinham os saberes reconhecidos como válidos pelas instituições da sociedade e sobre como se consolidou uma situação de desigualdades.

Em Vigário Geral, Zuenir se aproximou do chefe do tráfico, Flávio Negão, publicando a entrevista em que o traficante denunciava um esquema onde era apenas uma ponta no "circuito do tráfico". Com certa frustração, Zuenir lembra que a entrevista provocou um patrulhamento por ele, na opinião de algumas pessoas, ter dado voz ao bandido. "Mas eu queria saber o que se passava pela cabeça desse jovem", explica. "Era um ser humano também, mas capaz de tamanha crueldade. Eu me perguntava: 'Como ele enfrenta isso?'. Eu estava certo de que era importante ouvi-lo. Foi uma experiência fundamental, muito dolorosa também. Aquilo para mim era chocante, mas para ele era normal, ele assumia com naturalidade todos os crimes que cometera."

As trajetórias diferentes dos dois amigos de infância de Vigário Geral, Flávio e Caio, "o bandido e o sociólogo", instigaram em Zuenir sentimentos diversos e provocaram questionamentos sobre a educação, as oportunidades, as políticas públicas, a cidade, a vida.

Escutamos recentemente a entrevista com Flávio Negão, arquivada em fita cassete, graças ao cuidado do jornalista, e percebemos na voz de Zuenir a preocupação com a possibilidade de uma morte precoce do traficante (que acabaria morrendo em uma troca de tiros com a polícia, aos 25 anos, em 1995). Uma preocupação de quem não estava ali apenas para exercer sua profissão, mas para entender os pequenos mundos que formam uma cidade. Uma preocupação de quem reconhece o outro e a importância de suas histórias e de seu papel humano e social.

No capítulo final, "Mulas sem Cabeça", isso é ainda mais destacado, quando ele escreve ter "a quase certeza de que o verdadeiro controle do tráfico de drogas no Rio não estava nas mãos desses moleques que vivem em processo autofágico, se entredevorando, comprando armas para se defenderem uns dos outros, em uma alta rotatividade que raramente os deixa chegar aos 30 anos".

Cidade partida é um livro de fragmentos, de muitos espantos do autor, de perguntas e dúvidas, ainda que ele não as tenha colocado com exclamações ou interrogações. Na época – e quem acompanhou tudo isso deve lembrar –, foi como uma "faísca", que provocou deslocamentos de olhares, ideias e corpos.

Concordando-se ou não com o que escreveu Zuenir, ao radicalizar a percepção de uma cidade partida em duas, ele botou a pauta na ordem do dia para a sociedade carioca e a brasileira.

Sobre quantas cidades partidas poderia estar a falar Zuenir? Logo no início do livro ele já desconfia: "Vigário Geral é uma metonímia do Rio, assim como o Rio é parte que pode ser tomada pelo todo chamado Brasil".

"Onde Estão as Vozes do Rio?" é o título do capítulo 12 do livro original. Emblemático porque afirma a existência de uma diversidade de vozes. Mas insinua um possível desconhecimento e, ao mesmo tempo, convoca as pessoas a procurarem saber onde elas estão, além-muros, além-túneis, em outras zonas, em uma visão ampla de cidade.

Zuenir entrevistou, escutou pessoas, acompanhou e registrou as iniciativas que começaram a ser pensadas em grupos organizados da sociedade civil, reportou a cidade que não era a das classes sociais privilegiadas, contou sobre os moradores das favelas, seus pensamentos, indignações, produções culturais, condições de existência. Escreveu sobre o medo, os medos. Parecia se perguntar o que poderia unir lados opostos, "se a solução dos problemas do Rio passava pela aproximação, não pelo afastamento das 'duas cidades'".

Cidade partida é um livro de memórias, que datou e eternizou um capítulo sofrido da História do Rio de Janeiro. Trinta anos depois, essa data parece não ter vencido e chega a causar uma sensação incômoda de um "futuro do pretérito": será que ficamos e ainda ficaremos no "e se"?

Vemos diariamente as consequências da falta de políticas públicas que garantam a segurança dos moradores de todos os cantos do Rio, da falta de oportunidades capazes de reduzir as desigualdades, das ações dos poderes paralelos que mandam e desmandam, oprimem, matam. Uma desigualdade de direitos e de acesso ao bem viver na linda cidade que atrai cada vez mais turistas, mas que é ainda insuficiente para seus cidadãos.

Aqui estamos, propondo uma reflexão sobre a obra de Zuenir Ventura e o que se passou nesses últimos 30 anos no Rio. Novas pautas foram apresentadas, novos deslocamentos foram percorridos, e um novo mapa de observações e ações foi desenhado coletivamente.

O projeto é uma iniciativa da Blooks Projetos e da MINA Comunicação e Arte, em parceria com Firjan SESI, instituições que, lideradas por Eduardo Eugenio Gouvêa Vieira, discutem permanentemente a cidade. Como parte do projeto, realizamos um seminário em agosto de 2024. Agradecemos ao Eduardo, presidente da Firjan

SESI, ao Vinicius Carvalho Cardoso, diretor de Educação e Cultura, ao Antenor José de Oliveira Neto e à Olga Acosta Gomes, gerente e consultora, respectivamente, da área de Cultura e Arte.

Temos a alegria de contar com um comitê consultivo formado também por Eliana Sousa Silva, Itamar Silva e Silvia Ramos, a quem agradecemos pela aceitação imediata ao convite para fazer parte desse desafio, considerando suas importantes trajetórias profissionais e pessoais em organizações no Rio de Janeiro.

Para esse livro de autoria coletiva, convidamos para dialogar com os temas de *Cidade partida* – além de Eliana, Itamar e Silvia – Luciana Bezerra, Luiz Eduardo Soares, Tainá de Paula e Viviane Costa. E temos uma seção especial de entrevistas, em que revisitamos momentos e olhamos para uma linha de tempo, com "pessoas-personagens" da obra original: Caio Ferraz, José Junior, Manoel Ribeiro, Rubem César Fernandes e DJ Marlboro, que, aqui, conversa com Juju Rude e Anderson Sá.

Os fotógrafos João Roberto Ripper e Bira Carvalho (1970-2021) se encontram no livro em imagens que são resultado de um projeto que quis mudar, e mudou, a imagem da favela: há 20 anos, juntamente com o Observatório de Favelas, Ripper e Ricardo Funari criaram a Escola de Fotógrafos Populares da Maré (hoje, Escola de Fotografia Popular). Nas capas internas, apresentamos uma galeria de fotos de AF Rodrigues, Bira Carvalho, Elisângela Leite, Fábio Caffe, Francisco Valdean e Ratão Diniz, fotógrafos formados pela escola.

O projeto tem a proposta também de um documentário, em uma parceria da Blooks e da MINA com a produtora TV Zero, e com a direção de Roberto Berliner. Agradecemos o carinho e o apoio das equipes da TV Zero e da Cinemateca do MAM-Rio.

Cidade partida – 30 anos depois é uma proposta de olhar a cidade nesse tempo que passou. É também um livro para todas as pessoas, de todas as idades, que queiram pensar e cuidar do Rio, e de quem aqui vive neste tempo presente, que ainda é agora, mas que já é futuro.

ELIANA SOUSA SILVA

O RIO, INTEIRO, DESIGUAL

QUANDO ME DEPAREI PELA PRIMEIRA VEZ com o livro *Cidade partida*, em 1995, alguns sentimentos se fizeram presentes. Um misto de curiosidade para saber quem era o seu autor, pois reconhecia o seu esforço em apresentar uma síntese da cidade numa ótica que coloca as suas contradições e segregações, e um certo desconforto, ao mesmo tempo, pela possível simplificação que poderia vir a sugerir, para muitos desavisados, pelo não reconhecimento do Rio de Janeiro nas suas amplitude, pluralidade e diversidade.

A janela pela qual eu olho o Rio de Janeiro é a favela. Minha percepção e minha vivência vêm da Nova Holanda, uma das 15 favelas da Maré, aonde cheguei da Paraíba, com 7 anos, em 1970. É a partir dessa experiência e trajetória de vida que problematizo a ideia de que vivemos em um "Rio partido", como aponta Zuenir.

1995 foi o ano em que eu havia concluído o mestrado em Educação pela Pontifícia Universidade Católica do Rio de Janeiro (PUC-Rio), onde defendi a dissertação intitulada *O movimento comunitário de Nova Holanda: na busca do encontro entre o político e o pedagógico*. Aquele foi um momento importante da minha trajetória como ativista, pesquisadora e educadora, pois havia me dedicado a refletir, durante três anos, sobre a experiência marcante de ter sido eleita presidente da Associação de Moradores da Nova Holanda, no início dos anos 1980.

Ser uma mulher de origem nordestina tão jovem e primeira presidente mulher de uma associação de moradores numa região do município do Rio de Janeiro me despertou inquietações no plano da vida subjetiva e objetiva. Eu pensava no significado de crescer numa favela, de vivenciar a falta de acesso aos direitos mais básicos e de refletir sobre o papel político que podemos cumprir como indivíduos na cidade onde moramos. Fervilhava dentro de mim a experiência potente dos seis anos na associação de moradores.

De fato, exercitamos a ideia de participação comunitária de maneira singular, conseguindo mobilizar a maioria dos moradores da

Nova Holanda. Chegamos a ter 500 pessoas numa só assembleia, para as discussões mais relevantes daquele período, o que foi crucial para o conjunto de demandas que conseguimos efetivar.

Sem querer me alongar na experiência sobre o trabalho na Associação de Moradores da Nova Holanda, o intuito aqui é trazer o contexto que me atravessava no momento em que o livro *Cidade partida* foi publicado, com as reflexões que apontava, a partir de um olhar de alguém que vivenciava o Rio de Janeiro numa perspectiva muito distinta da minha. Porém, não há como não reconhecer o conjunto de questões que conformaram e que forjaram, naquele período, muitos dos embates que ainda permeiam o contexto do Rio de Janeiro atualmente.

Mais do que uma "cidade partida", o Rio de Janeiro é uma "cidade desigual". A narrativa da cisão, a qual baseia toda a argumentação do livro do Zuenir, tem como pano de fundo, na realidade, a clássica divisão entre ricos e pobres, sem a simplificação que isso possa sugerir, claro. O que está em jogo de forma concreta são os conflitos e os antagonismos sobre o direito de viver na cidade plenamente, e onde toda a população possa usufruir dos direitos mais básicos de maneira equânime. A segregação entre negros e brancos, inclusive, explica muito da minha percepção sobre pensar um espaço que foi sendo "partido".

Nessa perspectiva, olhar o Rio de Janeiro numa ótica de cidade partida pode significar, simplesmente, colocar os desafios que se fazem presentes como algo inerente e conformado ao que temos e conhecemos como cidade. Sem se considerar, contudo, a construção histórica desigual sobre como parte dos residentes usufrui do que a cidade oferece em termos concretos, ou mesmo simbólicos, e outra, não.

A década de 1990 foi um momento de muita ebulição nas dinâmicas das favelas. Parte disso se relaciona à posição importante que a Prefeitura do Rio passou a ter, a partir da Constituição de 1988, como responsável direta pelas políticas públicas de proteção social. Diversos programas de proteção social – basicamente relacionados à urbanização de favelas, à saúde e à educação, dentre outros direitos – chegaram a regiões onde a presença do estado se fazia muito frágil.

Ao mesmo tempo, foi uma década em que muitas organizações não governamentais (ONGs) se constituíram e passaram a ter um papel predominante no que se refere ao acesso às demandas históricas das populações de favelas. As ONGs cumpriram, claramente, uma função de chamar a atenção do estado para a sua responsabilidade, criando, em muitos casos, tecnologias e metodologias sociais importantes para que se garantissem muitas das políticas públicas relevantes para a maioria da população, que não se via reconhecida nos seus direitos mais básicos. Um momento central para entender os avanços e, também, os desafios que vemos atualmente nas regiões empobrecidas.

Se, por um lado, reconhecemos uma presença mais significativa de políticas públicas voltadas para uma parte da população que não acessava seus direitos fundamentais, por outro lado, foi nos anos 1990 que tivemos o crescimento vertiginoso e a consolidação de redes ilícitas e criminosas nas favelas. Nessa chave, como pensar essa equação e tudo o que decorre em relação às condições de vida dos moradores dessas regiões da cidade, considerando o princípio constitucional da equidade de direitos e, ainda, o significado político da palavra "democracia"?

Refletir sobre a ação do estado e da sociedade no processo de constituição das dinâmicas sociais relacionadas à garantia dos direitos para o conjunto da população requer uma definição clara sobre de onde partimos e que visão temos sobre a cidade e seus moradores. Observando o que temos como transcurso histórico no Rio de Janeiro, evidenciamos uma lógica que não conseguiu dar conta das questões de proteção e direitos sociais, aliada a uma falta de responsabilização e à negligência, em algumas situações, sobre o que deveria ser pactuado em termos de vida pública.

Um terço da população do Rio de Janeiro vive em regiões empobrecidas. Esses não são vistos a partir de um lugar comum que nos unifica como seres humanos. Não temos, como sociedade, feito o esforço político de trabalharmos, de forma incessante, para que todas as pessoas tenham os mesmos acessos, sem as interdições que identificamos relacionadas à criminalização e à hierarquização da vida.

Já faz 30 anos, e o livro *Cidade partida* continua atual naquilo que traz como perspectiva de um olhar crítico sobre o Rio de Janeiro. Ao adentrar a favela de Vigário Geral e conhecer alguns de seus personagens e dinâmicas, o jornalista Zuenir Ventura revelou, de maneira singular, o seu espanto com o mundo desconhecido numa mesma *polis*. Algo ainda muito presente para parte das classes média e rica, onde Ventura vive e sente a cidade.

O livro, que cunha uma visão segregada nos âmbitos socioeconômico, político e cultural, apresenta um claro hiato entre pessoas que desfrutam de políticas e serviços públicos numa lógica de direitos e com acessos privilegiados e uma parcela da população que tem de lutar muito para ser reconhecida dentro do mesmo paradigma pelos governantes. Um contexto complexo, portanto, que numa trajetória histórica conforma perspectivas estereotipadas e simplificadoras sobre quem habita essa cidade.

As representações simplistas nomeiam a vida aqui a partir de uma lógica autorreferenciada, com hierarquizações e juízos próprios que tentam modelar uma forma adequada de viver e de se mover na cidade. Estamos falando de se querer determinar como certa ou errada a variedade de características que encontramos nas pessoas que fazem o Rio de Janeiro ser o que é. É preciso afirmar que o direito à cidade deve acontecer na sua integridade para toda a população, independentemente do local em que se more.

A visão que adquirimos de uma *polis* está baseada na nossa vivência e naquilo que cotidianamente nos é apresentado como verdade sobre fatos e questões que perpassam a vida da população. Os meios de comunicação, em geral, e as redes sociais trazem uma percepção da cidade, em sua maioria, em que criam e consolidam concepções homogêneas que reduzem e colocam a ideia de que vivemos em um lugar partido. Mas não, ele é um só, com uma multiplicidade de habitantes e formas de viver. O ato de parti-lo conceitualmente é justamente negar a responsabilidade coletiva para com suas mazelas e potências.

Se olhamos e entendemos a cidade como "partida", podemos deixar de ver os espaços onde as pessoas se tocam, se relacionam, circulam. Ficamos, portanto, numa visão em que não analisamos os fluxos que a atravessam. Ainda que sempre em uma perspectiva das desigualdades, a cidade se movimenta e se transforma. Percebê-la dessa forma chama para a ação, para o movimento. Estar ou ser "partida" pode implicar uma dimensão contemplativa, passiva, conformada e determinista.

É preciso politizar essa conceituação e afirmar a inaceitável desigualdade que caracteriza e recai sobre uma parcela da população. O contraste e a identificação que vemos entre áreas ricas e pobres deveriam nos fazer pensar, para além da constatação, como esses se formam e, ao mesmo tempo, se perpetuam. E, mais importante, como eles produzem experiências raciais, por exemplo, tão discrepantes nos níveis sociais, econômicos e territoriais. Mais de um terço dos habitantes do Rio de Janeiro reside em favelas, em sua maioria, pessoas negras.

A experiência de ter sido presidente da Associação de Moradores da Nova Holanda na década de 1980, como já enunciei anteriormente, foi fundamental para eu entender o processo histórico de formação dessa favela. Um lugar projetado no início dos anos de 1960, pelo então governador Carlos Lacerda, como Centro de Habitação Provisória, CHP, que recebeu pessoas removidas de favelas extintas das zonas Sul e Norte da cidade.

Ficou evidenciada para mim, desde sempre – enquanto moradora da Nova Holanda, ao lidar com desafios relacionados à urbanização –, a forma como os processos históricos de urbanização na cidade foram responsáveis pelo hiato que se formou ao se constituírem áreas com profundas discrepâncias em termos de acesso a políticas públicas. Sem dúvida, as políticas habitacionais que conhecemos não foram capazes de reduzir as desigualdades. Tampouco foram eficientes no sentido de garantir a permanência de determinados grupos sociais em áreas de valorização imobiliária com qualidade de vida.

A segregação espacial que foi caracterizando o Rio de Janeiro revela o recorte de raça, além do econômico, escancarando, mesmo sem ser assumido dessa maneira, o racismo que está subjacente na lógica de muitos planejadores e governantes. São políticas públicas pensadas numa ótica discriminatória, as quais materializam práticas de separação e hierarquização entre moradores numa mesma cidade. Em 1962, a Nova Holanda foi inaugurada, e os moradores tinham de se enquadrar em comportamentos e formas de viver a partir do controle direto do estado, algo revoltante, por meio da Fundação Leão XIII, órgão do governo do Estado do Rio de Janeiro criado em 1947 e que era responsável pela administração do CHP Nova Holanda.

A Leão XIII surgiu num contexto político de destituição do então presidente Getúlio Vargas, numa evidente missão de controle e garantia da ordem. Os moradores removidos para Nova Holanda tinham hora para entrar e sair da favela, entre várias regras e orientações sobre limpeza, higiene e uso de banheiros.

Se analisarmos o momento que vivemos através de uma lente que construa uma linha do tempo em relação ao ordenamento do Rio de Janeiro, paralelamente ao processo de formação das favelas, vamos perceber as disparidades de acesso aos recursos dispostos no momento em que as prioridades são definidas em termos de investimento público. Vamos, também, reconhecer os interditos criados em função do local onde se reside e os preconceitos em torno de áreas que são estigmatizadas pelo fato de não possuírem intervenções básicas de políticas públicas e de seus moradores terem baixo poder aquisitivo.

Uma cidade, portanto, que se forma no acesso desigual a educação, saúde, transporte, arte, saneamento básico, qualidade do ar, entre outros direitos. E, mais grave também, identificamos que, quando esses serviços públicos existem, há uma clara discrepância quanto à sua qualidade dependendo da região onde sejam oferecidos.

Não há como desconsiderar o fato de o orçamento público do município não ser elaborado e executado, ainda, de forma definitiva, a partir de uma lógica de equidade. Em que pesem momentos específicos nos quais algumas áreas de favelas foram priorizadas com políticas públicas, estamos muito distantes de essas intervenções serem fruto de um planejamento global permanente.

Infelizmente, constatamos, até os dias atuais, que não há, por parte dos governantes, uma lógica e uma execução de planejamento urbano a partir de uma perspectiva da busca do equilíbrio entre diferentes regiões da cidade na implementação de políticas públicas. É importante reconhecer que muitas iniciativas implementadas em áreas de favelas só aconteceram pelas lutas empreendidas por moradores, organizados em instituições de base comunitária, como as associações de moradores e outras organizações da sociedade civil. Mesmo assim, não há como deixar de pontuar o fato de que muitas dessas conquistas não se materializaram em direitos plenos.

Outra face dessa questão é a dinâmica política por parte de muitos gestores, no Executivo, e de parlamentares, no Legislativo, que, de maneira clientelista e desrespeitosa, se utilizam de seus lugares de poder para elaborar projetos que, na maioria das vezes, não se concretizam como política pública. Um ciclo de clientelismo e favoritismo que, lamentavelmente, não foi rompido ao longo do tempo.

Continuamos elegendo um alto número de políticos que pleiteiam apenas uma oportunidade de favorecimento pessoal. Longe, mesmo, da lógica de construção de projetos de transformação social e de busca por efetivar os anseios e os acessos a direitos para as pessoas que mais precisam.

Na realidade, o desrespeito, o uso oportunista de projetos por parte de uma parcela significativa de gestores, bem como a falta de princípios republicanos, é algo muito presente no *modus operandi* de quem deveria ser responsável por garantir muitos dos direitos constitucionais. É urgente a busca da inclusão de todos os segmentos sociais na discussão e na tomada de decisão sobre como se pode, de forma temporal, assegurar que a vida na cidade seja mais justa. Os tempos urgem por um conceito de justiça urbana como princípio político, sendo essa a única forma de superar a desigualdade territorial e garantir a representatividade de vozes distintas na cidade.

Não por acaso, são muitas as questões que fazem da vida das pessoas no Rio de Janeiro algo muito distante do que seria considerado um bom parâmetro de qualidade e de acesso aos recursos provenientes da cidade. Não podemos achar que o que conhecemos e vivenciamos na experiência desta cidade tem a ver com algo que está fora da nossa governança. Ao contrário, somos parte dessa engrenagem que nos surpreende todos os dias e nela nos acomodamos a partir daquilo que vai sendo possível aceitar e viver minimamente.

Um ponto crítico são as distintas violências que assustam o conjunto da população. Estamos, comumente, diante de muitas violações de direitos, direcionadas de forma significativa para uma parcela da sociedade, sendo a insegurança, contudo, o sentimento mais forte e presente em qualquer região onde possamos estar.

Os anos se passaram desde quando o livro *Cidade partida* foi publicado, e a constatação é a de que os desafios retratados nele só foram aprofundados e se tornaram ainda mais complexos. Pior, 30 anos depois, parte da população não se deu conta, para além da identificação da sensação de insegurança generalizada, de que o Rio de Janeiro precisa avançar na direção de uma cidade inclusiva em todas as suas regiões. Que a violência que vemos em regiões de favelas, por exemplo, não é normal, tampouco é um problema apenas de quem ali vive.

Penso que, ao dar publicidade, a partir de um registro descritivo, ao modo de vida de pessoas e às dinâmicas de uma favela no Rio de Janeiro, Ventura expressa, além do espanto, sua inquietação com a situação crítica que a cidade já vivia naquela época. De certa maneira, um jeito de dizer algo sobre a necessidade de um certo deslocamento por seus pares, para exercerem a empatia pelo desconhecido.

Não sem razão, a segurança pública é, sem dúvida, algo que almejamos, individual e coletivamente no mais profundo sentido que isso possa sugerir. Algo que tem sentido e forma distintos dependendo de onde estejamos na cidade. O desejo pela garantia e pelo respeito à vida e à possibilidade de uma mobilidade sem medo em qualquer região é ponto categórico para pensar o Rio de Janeiro e suas contradições.

Há algum tempo a reflexão sobre o que representa de forma concreta e simbólica viver aqui tem nos levado para diversos temas e questões. A dimensão da segurança pública é uma delas, e avançamos muito pouco no sentido da sua relevância para pensar os dilemas urbanos que vivemos.

As percepções preconceituosas sobre os moradores de favelas – especificamente os jovens –, a violência generalizada na cidade, a falta de regulação do espaço público em determinadas regiões, a falta de oferta de equipamentos e serviços públicos de maneira republicana, independentemente do local de residência, as discriminações nos planos racial, étnico, de gênero, dentre outras, nos mostram que não há como deixar de fora o tema da segurança pública e tudo que recai sobre isso quando pensamos na vida urbana. Garantir o direito à segurança pública é, sem dúvida, o maior dos desafios que temos como sociedade para efetivarmos de forma ampla direitos fundamentais nas regiões onde o Estado não se faz presente numa perspectiva justa e planejada.

Com uma trajetória longa de elaboração de projetos e pesquisas no campo social, me dei conta, em certa altura da vida, da necessidade de incorporar, no meu trabalho, a luta pelo direito à segurança pública nas favelas de modo profundo. Entendi que eu não tinha a opção de não tratar e buscar compreender os fenômenos que estruturam as violências diversas no cotidiano de quem mora em favela. Entendi que esse era um caminho essencial para lidar com a inação do estado em relação à garantia de se viver na cidade de forma plena.

Nesse entendimento, fui para o doutorado em Serviço Social, tentando, justamente, pensar a intersecção desse campo de estudo com a segurança pública. Como incorporar, no contexto dos projetos sociais, a reflexão sobre a segurança pública como direito humano? Defendi a tese intitulada *O contexto das práticas policiais nas favelas da Maré: a busca de novos caminhos a partir de seus protagonistas*.

Esse estudo analisou o modo de ação da Polícia Militar nas 15 favelas da Maré, buscando entender as representações dos profissionais dessa corporação sobre os moradores em comparação com a atuação em outras regiões onde a população é rica e de classe média.

A investigação teve como premissa metodológica a escuta ativa de mais de mil moradores das distintas favelas que formam o conjunto, além de integrantes dos grupos de redes ilícitas atuantes na região, e, ainda, 10% do contingente de policiais que faziam parte do Batalhão da Polícia Militar com sede na Nova Holanda. O intuito foi abrir e ampliar as possibilidades no campo da ação coletiva. Ir além das iniciativas sociais, as quais interferem, apenas, em trajetórias individuais, o que necessariamente não garante, no futuro, as transformações estruturais que precisam acontecer na cidade.

A pesquisa levantou as mesmas indagações para os moradores, os policiais e os integrantes das redes ilícitas e criminosas: como o trabalho da Polícia Militar era percebido no olhar dos três segmentos? Quais os problemas em relação à atuação da polícia nas favelas? Incorporar os próprios agentes da polícia nas reflexões da tese foi bem importante para capturar o modo pelo qual eles enxergavam os moradores e a dinâmica das pessoas que faziam parte dos grupos armados.

Esse processo foi muito rico de aprendizados e um importante momento de humanização de todos os envolvidos na dinâmica das violações de direitos nas favelas da Maré. Em linhas gerais, ficou evidente que seus moradores não reconheciam o direito à segurança pública a partir da mesma perspectiva que entendem e lutam, historicamente, para estabelecer os direitos relacionados à educação, à saúde, à habitação, entre outros.

São compreensíveis o temor e o distanciamento da população de favelas no que diz respeito às forças policiais. A relação que foi se estabelecendo ao longo do tempo aconteceu a partir de uma lógica que não reconhece as populações de favelas como sujeitos de direitos plenos. Como moradora de favela, cresci temendo a polícia. Testemunhei, de maneira permanente, uma abordagem desrespeitosa e criminalizante por parte de seus agentes.

O que acontece é que, no enfrentamento entre as polícias e os grupos criminosos que atuam em redes ilícitas nas favelas, não há uma percepção sobre a necessidade de se garantir os direitos fundamentais dos moradores. Há, portanto, mais de um milhão e trezentos mil residentes na cidade do Rio de Janeiro que são percebidos como uma população civil do "exército inimigo". São pessoas que, de forma cruel, são culpabilizadas e tornadas vulnerabilizadas de modo inexorável, sofrendo os efeitos diretos do enfrentamento violento e indigno que o Estado tem praticado como justificativa para resolver o problema do tráfico e do uso de drogas.

Historicamente, foi se travando por parte do Estado uma estratégia de guerra que, há décadas, tem se mostrado ineficiente e injustificável em diversos sentidos. O diálogo que estabeleci com policiais, moradores e integrantes de redes ilícitas nas favelas da Maré deixou claro que, dos pontos de vista moral, ético, social e até econômico, não se tem avançado de forma eficaz na trama em que estamos envolvidos quando pensamos a cidade e a garantia ao direito à segurança pública por parte dos moradores de favelas.

Temos visto, nos últimos anos, muitas movimentações da sociedade e de institutos de pesquisa no questionamento à lógica do trabalho das forças de segurança pública. Na Redes da Maré, instituição da qual sou uma das fundadoras, temos como eixos de atuação o direito à segurança pública e o acesso à Justiça. O trabalho acontece através da produção de conhecimento, da articulação e mobilização dos moradores, da realização de projetos concretos no campo da violação de direitos e do acesso à Justiça e, ainda, da incidência política.

Acreditamos e trabalhamos numa perspectiva de que é necessário criar um ambiente propício à efetivação do direito à segurança pública e garantir o acesso aos órgãos de Justiça sem as interdições que temos atualmente. É um trabalho árduo e com complexidades em muitos aspectos, principalmente pelo fato de não termos conseguido convencer os gestores da segurança pública, dirigentes dos distintos níveis governamentais, sobre a necessidade de fazer uma separação entre as pessoas que atuam em redes ilícitas e criminosas e moradores de favelas.

Tivemos avanços em nossa luta quando conseguimos, com a Defensoria do Estado do Rio de Janeiro, provocar a primeira medida jurídica no país, nos moldes de uma ação civil pública, na Maré, também conhecida como ADPF 635, uma articulação de várias instituições da sociedade civil com o Partido Socialista Brasileiro (PSB). Junto ao Supremo Tribunal Federal, solicitamos que houvesse um posicionamento claro das atividades das polícias no momento em que realizam operações policiais dentro de um plano de redução de danos e controle social. Aliás, essa tem sido a única forma de atuação nas áreas de favelas atualmente, algo que precisa ser repensado e que deveria nos causar espanto como sociedade.

A seguinte pergunta se revela essencial para refletirmos sobre esse contexto: por que a polícia não consegue exercer soberania e garantir uma atuação nos moldes de outras partes da cidade? Como chegamos a esse ponto? Não seria esse um problema do estado e de toda a sociedade?

Nos dados sobre a atuação das polícias na região das favelas da Maré em 2023, identificamos que ocorreram 34 operações policiais. Como consequência direta, tivemos oito pessoas mortas, nove feridas por arma de fogo, 25 dias com escolas fechadas e 26 dias em que as Clínicas da Família foram impedidas de abrir devido aos conflitos armados. Isso sem contar os prejuízos às atividades econômicas locais, que não conseguem funcionar, além do conjunto de iniciativas promovidas pela sociedade civil que também são impactadas. Instaura-se um contexto dramático que tem se aprofundado e sobre o qual não há consenso entre os entes federados de como romper com essa dinâmica, tampouco definir o que pode ser feito para mitigar os danos e traumas que esse processo vem causando aos moradores.

Nessa lógica, problematizar o que seria a “cidade partida” se faz necessário. Temos de superar a visão antagônica de como o Rio de Janeiro é visto, formulando uma perspectiva de direito à cidade que inclua medidas concretas para a garantia da participação do conjunto da população na vida urbana de maneira plena e em condições igualitárias. Uma perspectiva que permita uma “repartição” da cidade menos desigual, mais compartilhada, menos naturalizada, que reproduza menos uma lógica desigual.

Há urgência em analisar o Rio de Janeiro de forma crítica e responsável, e o que ele tem se tornado nesses últimos 30 anos. A sensação é a de que avançamos muito pouco numa perspectiva de direitos e de equidade. Temos inúmeros fatos que marcam profundamente a trajetória desses 30 anos numa ótica muito negativa e pessimista sobre a vida nesta cidade.

Uma *urbis* (re)partida por um *modus operandi* que, através da linguagem e de definições simbolicamente pejorativas, mais se ocupa em parti-la como espelho que se choca ao chão do que elaborar um movimento de partilha dos pedaços que a cidade produz em sua totalidade.

Partilhar uma cidade inteira, juntar os cacos desta, desmembrados conceitual e politicamente, é o que deveria nos mover como cidadãos, ativistas e intelectuais.

Temos um caminho longo para resolver essas questões ou continuaremos marcados pelo desânimo e pela falta de perspectiva. Não podemos nos curvar a ser, simplesmente, um lugar pensado para os turistas, para os ricos, ressaltado, lembrado pelas suas belezas naturais e por seu Cristo Redentor de braços abertos para o lado privilegiado. Isso é muito pouco para uma cidade que tem tanto a aprender com o povo que a habita e para o qual ela diariamente vira as costas. O melhor é abraçar esta cidade, este povo.

Eliana Sousa Silva, diretora fundadora da ONG Redes da Maré, entre outras instituições da sociedade civil no Rio de Janeiro. Curadora e organizadora do Festival Mulheres do Mundo – WOW Rio. Coordenadora do Curso de Especialização em Urbanismo Social, do Laboratório Arq Futuro de Cidades do Insper. Catedrática pelo Instituto de Estudos Avançados da Universidade de São Paulo (IEA/USP), onde coordenou a cátedra Olavo Setubal de Arte, Cultura e Ciências. Consultora metodológica de projetos sociais voltados para o enfrentamento da pobreza extrema e da exclusão escolar.

ITAMAR SILVA

PARA RELER A CIDADE PARTIDA

HÁ LIVROS QUE NOS ENSINAM A LER. Esse é, certamente, o caso de *Cidade partida*, a densa reportagem que tomou a forma de um livro, publicado em 1994. Nele, Zuenir Ventura, ator e autor do que o livro registra, nos ensina a ler o vivido no Rio de Janeiro dos anos 1980 e 1990 e, ao fazê-lo, também nos faz ler a cidade, cenário e protagonista da história ali contada. Por derivação, também nos traz elementos para reler a sociedade brasileira, uma vez que o Rio de Janeiro, ainda que tenha deixado de ser a capital político-administrativa do Brasil, continua a ser uma caixa de ressonância do país como um todo, de tal modo que, ao olharmos para a cidade, entrevemos a sociedade e reconhecemos traços daquilo que somos.

O livro, que completa 30 anos, não pretende ser nem verdade nem novidade. Basta conhecer Zuenir para saber que ele se situa sempre nos antípodas de todo tipo de ortodoxia absoluta ou de qualquer prepotência novidadeira por saber muito bem que, ao menos desde Machado de Assis no romance *Esaú e Jacó*, fica evidente que o Rio de Janeiro há muito exibe fraturas expostas no seu tecido urbano[1].

O que o livro de Zuenir oferece é um possível denominador comum para as diversas análises, não necessariamente convergentes, da cidade. E oferece ainda uma chave de leitura para compreender um tempo em que as diversas forças vivas da sociedade carioca se reuniram para um exercício de cidadania que mobilizou multidões. Por isso *Cidade partida* mantém-se como um livro atual.

QUESTÃO DE ÓTICA[2]

Há mais de 40 anos viveu, no Morro Santa Marta, Agostinho Castejón, um jesuíta, vice-reitor da PUC-Rio e, sobretudo, uma pessoa muito especial, capaz de estar junto e de fazer junto. Ele nos deixou em 1992. Mas permanece vivo na memória do morro e de quem teve a sorte de conhecê-lo.

Agostinho escreveu um conjunto de textos ainda inédito, em que comenta sua experiência de vida no morro com a inteligência e o sentido de humor que eram duas de suas muitas qualidades. O título escolhido por ele para aquele conjunto de crônicas foi *Questão de ótica*, síntese da certeza que tinha de que a perspectiva que assumimos para ler o mundo muda conforme o lugar, físico, social e ideológico, que assumimos. Pensamos conforme o chão que pisamos.

O quase plágio do subtítulo escolhido para essa parte do texto quer ser uma homenagem a ele. E quer também sublinhar que o que vai escrito se alicerça em experiências de vida, uma vez que traz a marca autoral de um ator, algo excêntrico, dos acontecimentos narrados no livro de Zuenir.

Foram os acasos da vida, as convergências de ideais e os imponderáveis das trajetórias pessoais que me levaram a estar presente em muito do que o livro conta, e essa presença é assinalada pelo autor, com generosidade, que é um de seus traços característicos, em quatro passagens do relato.[3] E, se me vejo como um ator, algo excêntrico, ainda que nunca fora do lugar, na história contada em *Cidade partida* é porque os que imprimiam direção ao Viva Rio eram intelectuais do calibre de Betinho, Rubem César Fernandes, Clarisse Pechmann, Manoel Ribeiro e do próprio Zuenir; empresários como Humberto Motta e Artur João Donato; donos dos principais jornais da cidade tais como Manoel Francisco Nascimento Brito (*Jornal do Brasil*), João Roberto Marinho (*O Globo*) e Walter de Mattos Junior (*O Dia*); militantes e líderes tais como Carlos Manoel, da CUT, o pastor Caio Fábio e Caio Ferraz. Nesse conjunto, eu comparecia como um dos raros negros e favelados natos, nascido, criado e residente no Morro Santa Marta.

Talvez o episódio da audiência com o presidente da República narrado por Zuenir forneça uma boa metáfora da relativa excentricidade da minha presença naquele conjunto. Conforme manda o cerimonial do Palácio do Planalto, todos compareceram com seus melhores ternos e devidamente engravatados. Desconhecedor dos protocolos palacianos, fui de camisa esporte, de manga curta e, para maior detalhe, de um cor-de-rosa bem forte, ainda que Zuenir guarde a lembrança de uma "berrante camisa de cor de laranja"[4] – a memória é brincalhona e prega essas peças. Foi preciso uma autorização especial do próprio Itamar Franco para que eu pudesse acompanhar a delegação, em "mangas de camisa", como descreve o autor de *Cidade partida*.

Pois é da perspectiva da favela e das lutas específicas pelo exercício da cidadania da população favelada que este texto é escrito. De certo modo, portanto, em "mangas de camisa".

O que aqui se pretende é alcançar um tríplice objetivo, além, é claro, de juntar-me à festa que quer comemorar os 30 anos de vida (muito) útil do livro e a alegria de que minha vida tenha se cruzado com a de seu autor e com a de todos aqueles que viveram a aventura tão bem contada por Zuenir.

O primeiro objetivo é operar com as noções de incompletude e de provisoriedade para esboçar uma memória dos 30 anos de avanços e retrocessos das conquistas do movimento de favelas no Rio de Janeiro e das políticas públicas destinadas a esse setor da cidade, procedimento que parece importante para pensar os impasses e as possibilidades do presente dessa parcela da cidade partida e, também, para projetar caminhos que permitam enfrentar os desafios do futuro.

O segundo objetivo é identificar as permanências e as rupturas no que diz respeito às políticas públicas e às ações da sociedade civil na forma de especificar os problemas e os desafios da cidade, da construção da cidadania e dos valores republicanos.

O terceiro objetivo é reunir alguns elementos que permitam buscar como formular desafios e esperanças possíveis para aqueles que não se conformam com passar de uma cidade partida para uma cidade esfacelada e continuam a acreditar no sonho de uma cidade melhor e diferente, obra de cidadãos ativos e solidários.

INCOMPLETUDE E PROVISORIEDADE

Trinta anos tem o livro que festejamos e 30 anos tem a história nele contada das muitas experiências e iniciativas voltadas para transformar uma realidade excludente e hierarquizadora que desafia a todos os que defendem a democracia e pretendem construir a cidadania. Ao rever o vivido e visto de muito perto, é possível perceber com mais clareza a tessitura urbana do Rio de Janeiro e o significado do texto de Zuenir hoje e no momento de sua publicação.

Com o passar de três décadas, fica mais claro que a cidade não tem apenas dois lados. Não são apenas duas as cidades que convivem no mesmo espaço. Mesmo a leitura mais rasa mostra a complexidade da cidade, loteada e dominada pelo espraiamento das milícias, pela consolidação do tráfico, pela banalização da violência, pela desqualificação das polícias e pela inoperância do poder público. A cidade partida é hoje uma cidade esfacelada.

Algumas vezes tenho a impressão de ser acometido da síndrome do impostor. Não acredito, ou custo acreditar, que estive envolvido e, por vezes, fui protagonista de momentos emblemáticos em que, na cidade do Rio de Janeiro, o tema em debate foi a favela, sua relação com outros espaços e a disputa pelo reconhecimento e pelo direito de existir na cidade. O certo é que me vejo cada vez mais monotemático e convencido de que o tema da favela, ao menos no Rio de Janeiro, é fundamental para discutir a cidade que somos e a cidade que queremos ser, seja do ponto de vista urbanístico, sociológico, imagético, cultural, econômico ou ideológico. O slogan forjado em um seminário promovido pelo Ibase em 2008, "Favela é cidade", e hoje reproduzido por muitos, continua atual e deve ser repetido como um mantra. Foi longo o recorrido, no entanto, são muitas as dúvidas, críticas e dificuldades na busca de transformações substantivas que consolidem plenamente a cidadania ativa nas favelas do Rio.

Ao fazer memória do vivido nesses 30 anos, não é difícil relembrar algumas iniciativas e projetos marcantes. Entre eles:

- os dois projetos Urbanização da Favela Santa Marta, de 1986 e 2003, resultantes de políticas públicas;
- o Mutirão Remunerado, iniciativa da Secretaria Municipal de Desenvolvimento Social e que contribuiu para evidenciar a urgência de intervenções do poder público com a participação dos moradores e para a formação de profissionais que vieram a atuar no Favela-Bairro;

• a Célula Urbana, projeto-piloto da prefeitura em convênio com a Bauhaus alemã, primeiramente no Jacarezinho e posteriormente com a proposta inovadora de um Museu a Céu Aberto no Morro da Providência;

• o Morar Carioca, política pública municipal original e bem formulada, mas de resultados inexpressivos;

• o PAC Favela, intervenção de urbanização em grandes favelas feita com recursos federais;

• o Fórum Social de Manguinhos, espaço para a reunião de moradores, instituições e movimentos sociais que defendem a cidadania, os direitos sociais e monitoram as políticas públicas, em particular o PAC-Manguinhos;

• o Pacto pelo Rio; o Comitê Comunitário que cria o projeto Cidade de Deus e de Direitos;

• o Mutirão pela Paz no Morro da Formiga, na Tijuca, e no Pereira da Silva, em Laranjeiras;

• o Clube Recreativo União e Lazer, projeto de iniciativa da Fundação Bento Rubião e dirigido a crianças e adolescentes de oito favelas;

• o Viva Rio, de grande impacto na cidade;

• a Agenda Social Rio, promovida pelo Ibase;

• o APDRio, Apoio às Populações Desfavorecidas do Rio de Janeiro, um convênio entre a prefeitura e a União Europeia que visava integrar a geração de trabalho e renda.

A listagem é longa e está longe de ser exaustiva. Mas é duplamente importante para o argumento aqui desenvolvido. Em primeiro lugar, porque sinaliza a multiplicidade de iniciativas em torno da questão das favelas no Rio de Janeiro nos últimos 30 anos. Mas é, sobretudo, pelo fato de que a longa enumeração esconde o que um exame mais detido da efetividade de cada uma delas revela: por um lado, o fato de que esse é um período de acirramento da violência na cidade como um todo e nas favelas em particular, com forte protagonismo das forças de segurança e ordem nas várias chacinas ocorridas. Por outro lado, o cuidado na análise do destino dessas iniciativas demonstra que – se não todas elas, certamente sua grande maioria – se constituem em evidências empíricas da incompletude e da descontinuidade das políticas públicas e ações da sociedade civil nas favelas do Rio de Janeiro. Trazem melhorias pontuais que devem ser reconhecidas. Mas nenhuma delas opera uma transformação efetiva e permanente tanto nas favelas quanto na cidade.

Incompletude porque essa noção carrega a dimensão material e objetiva de algo que não se realiza completamente, não chega a uma conclusão, não cumpre a proposta inicial. No caso específico das políticas e intervenções públicas, não produz as transformações prometidas e impede a população de desfrutar plenamente dos benefícios gerados ou prometidos. No entanto, produz um efeito imediato e difuso que pode reforçar a lógica do favor, produzindo resultados eleitorais que turvam a percepção de que as conquistas, mesmo que parciais, são direitos e não favores. Com isso, a percepção sobre a favela continua sendo a de um outro mundo na cidade que, de vez em quando, recebe alguma atenção do estado, em muitos casos com fortes indícios de clientelismo. É claro que as coisas vêm se alterando, paquidermicamente, mas, ao não se completarem, não transformam, apontam para práticas políticas nada republicanas e, no limite, impedem ou dificultam uma cidadania plena.

A reiterada incompletude das iniciativas nas favelas ou sobre a relação favela-cidade, ao mesmo tempo que aprofunda as cicatrizes de uma cidade partida, aproxima as políticas públicas e as iniciativas privadas de um sentimento, não necessariamente explicitado, de provisoriedade. A evidência de que tudo o que é feito na favela e para a população favelada termina por ser incompleto e conduz a soluções provisórias aproxima-se, perigosamente, da hipótese de que a favela é uma excrescência da cidade, e os favelados são uma ameaça. Daí a propor soluções pelo viés da extinção, o passo é bem pequeno.

Alguns exemplos concretos podem dar rosto humano e percepção do alcance histórico ao argumento acima esboçado. Ao passear pelo Parque da Catacumba e contemplar a vista magnífica da Lagoa, são raros os vestígios da favela que, um dia, ali existiu. A maioria dos moradores do conjunto de edifícios que os cariocas chamam de Selva de Pedra provavelmente desconhece que eles se erguem sobre o terreno onde existiu a Favela da Praia do Pinto, que um incêndio, possivelmente criminoso, destruiu numa madrugada de maio de 1969. Os estudantes da Uerj nem sempre sabem que a universidade se ergue sobre o lugar da antiga Favela do Esqueleto, assim como a maioria dos estudantes da PUC-Rio ignora que, onde hoje fica o estacionamento da universidade, existiu, até os anos 1970, o Parque Proletário da Gávea, cujos moradores foram, em boa parte, removidos para a Cidade de Deus. Significativamente denominados "Parques Proletários Provisórios", construídos na década de 1940 pelo governo Getúlio Vargas e pautados por princípios higienistas, eles são mais uma das políticas públicas provisórias voltadas para as favelas e os favelados. E no alto do Morro do Pasmado, onde desde 2020 convivem um mirante, o Parque Yitzhak Rabin e o Memorial às Vítimas do Holocausto, existiu, até 1964, a Favela do Morro do Pasmado, uma das primeiras vítimas da política de remoções implementada no governo Carlos Lacerda.

Uma arqueologia urbana que busque identificar o número expressivo de locais da cidade que, um dia, foram lugar de moradia da população pobre e que, rigorosamente, desapareceram do mapa verá que, por incompetência ou inoperância do estado, por interesses escusos, para atender às demandas do capital imobiliário, por pressão daqueles a que o espetáculo da pobreza desagrada, por utilização hipócrita do argumento da segurança pública na cidade ou por qualquer outra razão, a extinção de favelas e a dispersão de favelados por áreas distantes não constituem apenas mais uma manifestação da lógica excludente da sociedade brasileira.

Essa arqueologia evidencia o silêncio culposo da cidade sobre cidadãos tratados como lixo urbano a ser varrido do cenário urbano e o apagamento da memória dessa população pela demolição do que foi seu lugar de vida, pela ruptura de laços de sociabilidade e pela dizimação de práticas culturais. A desaparição dos vestígios não afeta apenas os lugares de uma memória favelada na cidade. Afeta e desfigura a memória e a identidade da cidade e o projeto de construção da cidadania, da democracia e dos valores republicanos.

Por essa razão, são fundamentais as iniciativas como a do Museu das Remoções, na Vila Autódromo, Zona Oeste do Rio. Apesar da permanência de somente uma pequena parcela dos antigos moradores no local, a memória de resistência da população está ali, eternizada nas cicatrizes deixadas pelos restos das moradias demolidas, documentada pelas inscrições nos muros das casas que restaram, alargada para além do meramente local de modo a demonstrar que a violência praticada ali atinge a cidade toda, comemorada na luta dos moradores das 30 casas que permanecem de pé ainda que sitiadas pelas construções faraônicas feitas para abrigar a imprensa internacional e equipamentos urbanos destinados a grandes eventos esportivos, os Jogos Pan-Americanos de 2007 e a Olimpíada de 2016.

Hoje fantasmagóricos e sem nenhuma utilização, aqueles elefantes brancos contrastam com as 30 casas que restaram da Vila Autódromo não apenas por sua escala, pelos investimentos do estado e de fontes privadas nos dois espaços vizinhos. Contrastam porque a vida pulsa no que restou da Vila Autódromo, vida que testemunha para a cidade a força dos que sabem defender seus direitos, enquanto que os paquidermes vazios não nos deixam esquecer da violência cometida contra aquela comunidade e da fragilidade do álibi utilizado para destruir a Vila Autódromo com o argumento das necessidades geradas pelos grandes eventos esportivos. Nos enormes prédios vazios reina, rigorosamente, um silêncio sepulcral.

PERMANÊNCIAS E RUPTURAS

Os 30 anos de vida de *Cidade partida* representam um tempo de permanências e rupturas para o Rio de Janeiro. A cidade cresceu, se repartiu, se esfacelou, se complexificou, ainda que permaneça a sua imagem de "Cidade Maravilhosa", justa por seu patrimônio de belezas naturais, mas alicerçada no mito do povo sempre alegre, acolhedor e festeiro. Essa dualidade se revela, por exemplo, na atribuição pelo guia *Lonely Planet*, em março de 2024, do título de segunda melhor praia do mundo à Praia de Ipanema. Os critérios utilizados parecem pautados por um recorte classista que reforça a fantasia de uma Ipanema de corpos dourados pelo sol, de convivência fácil entre gays e não gays, de ausência de conflitos, de esportividade, de palco para um eterno desfile de garotas de Ipanema.

Do outro lado da cidade, essa imagem é replicada, talvez como farsa, no Piscinão de Ramos. É verdade que iniciativas como o Parque de Madureira, com seus 3,15 km de extensão, sejam uma conquista e se constituam em um espaço de lazer destinado aos moradores da Zona Norte: trata-se do terceiro maior parque público da cidade e oferece aos usuários quadras de vôlei, futebol, basquete, campos esportivos de grama sintética, fontes, riacho, quiosques, pista de skate, pomar, brinquedos, árvores nativas, entre outras atrações. Madureira também é cidade!

Permanece, no entanto, a realidade de uma cidade partida, que reforça um discurso de exportação composto na clave da beleza para um território onde circula um determinado grupo social, enquanto que as iniciativas voltadas para o outro lado da cidade partida não apenas são muito escassas como também são destinadas e frequentadas por um público eminentemente suburbano. Sim, Madureira também é cidade... desde que permaneça no seu lugar na cidade. O encontro entre esses dois mundos, a Zona Sul e a *sub urbs*, continua a ser impossível.

Ambígua por definição, a cidade supera a fratura que separa seus dois lados quando explode em festa, seja ela o carnaval, que, apesar de suas apropriações, continua a inverter a ordem, seja ela a ocupação da orla pela cidade inteira no réveillon, seja ela a festa dos jovens no funk, no baile charme, no passinho e outras ocasiões em que a juventude da Zona Sul cruza os túneis, sobe o morro, sente-se em casa no Viaduto de Madureira e dança a utopia de uma cidade que supera suas divisões.

No capítulo das continuidades perversas, está o fato de a cidade seguir sendo palco de operações letais em favelas. São guerras que envolvem o tráfico, as milícias e a polícia, que matam e desassossegam moradores que não encontram abrigo nem mesmo dentro de casa. Um exemplo entre muitos é a chacina do Jacarezinho, ou massacre do Jacarezinho, como também é conhecida, que, em 2021, deixou 28 pessoas mortas. A justificativa da polícia é sempre a mesma: "Fomos atacados por bandidos e tivemos que revidar". Dessa feita, a chacina foi comandada pela Polícia Civil.

Entre festas e balas consideradas perdidas, mas que buscam corpos específicos e, quase sempre, inocentes, o Rio segue sua trajetória de rupturas e continuidades, e as favelas se multiplicam, se reinventam e se consolidam como parte indissociável da cidade.

No plano macro, é possível observar nesses 30 anos uma intensa reformulação na organização interna nas favelas. É um tempo de perda de representatividade das associações de moradores e de multiplicação de instituições e coletivos locais que reivindicam seu papel de mediação com o poder público e outras agências. O "nós por nós" é a tônica. A lista, felizmente, é longa e, apenas para citar alguns exemplos, cabe lembrar o Raízes em Movimento, o Papo Reto, o Vozes da Comunidade e o Plano de Ação Popular do CPX, no Complexo do Alemão; o Ceasm, a Redes, o Observatório de Favelas, na Maré, que também inaugurou seu próprio museu; o Movimentos, que reúne jovens de várias favelas e periferias para discutir a política de drogas; o LabJaca, no Jacarezinho; o Comitê Cidade de Deus e de Direitos; o Museu do Cantagalo; o Grupo Eco, do Morro Santa Marta; o "Jornal da Maré"; a articulaçao de organizações e coletivos em torno da ADPF das Favelas (Arguição de Descumprimento de Preceito Fundamental 635), entre muitos outros, definem um novo paradigma na luta pela exigibilidade de direitos.

Durante a pandemia, essas e outras muitas iniciativas já existentes no chão da favela ganharam visibilidade, escancararam as desigualdades e evidenciaram a vulnerabilidade de uma população que precisava continuar saindo de casa para trabalhar, não tinha espaço em casa para isolar os que ficavam doentes e tinha que enfrentar a necessidade de alimentos básicos para não morrer de fome. A urgência gerou uma outra experiência de articulação entre movimentos sociais, coletivos de favelas, universidades, que foi capaz de mobilizar a Alerj e deu origem à Chamada Pública para Apoio a Ações Emergenciais de Enfrentamento à Covid-19 nas favelas do Rio de Janeiro, ação coordenada pela Fiocruz.

Para além do pontual, do lado das permanências está a continuidade inquestionável de uma estrutura social que exclui, hierarquiza e culpabiliza a favela e os demais territórios dos pobres. É essa lógica excludente multiforme a responsável pela realidade de uma cidade partida que, sendo outra, porque outros são os tempos, paradoxalmente, continua a ser a mesma.

Do lado das descontinuidades estão as incontáveis iniciativas e as muitas experiências dos que, dos dois lados do precipício que continua a cindir a cidade e mesmo a se ramificar, não desanimam na tarefa de construir e reconstruir pontes e de derrubar muros porque, por urgência ou por ideal, não desistem da utopia que confere sentido e conteúdo ao sonho de uma cidade para todos.

DESAFIOS

Para relembrar os 30 anos do livro de Zuenir, é útil reler um texto produzido pelo Ibase para discussão interna tendo em vista a proposta de continuidade da Agenda Social, texto esse que revisita um documento de 1998 em que o Ibase assume como um de seus compromissos a luta pela urbanização das favelas e por sua integração à cidade.

Fiel ao legado de Betinho, fundador da instituição, o Ibase se situa corajosamente de frente para a ferida aberta na cidade partida para pontuar, na virada do século, que "os anos 90 trouxeram com nova ênfase a discussão sobre os modelos de políticas sociais vigentes no país. O processo de consolidação da democracia amplia as possibilidades de envolvimento de diferentes atores sociais com o tema das políticas sociais e a sua definitiva incorporação na agenda política do país".[5]

Certeiro, o Ibase identifica a novidade na virada do século a partir do amadurecimento da transição democrática, mas também o desafio do investimento em políticas públicas e ações da sociedade civil capazes de perceber que a democracia não estará verdadeiramente consolidada enquanto o abismo entre ricos e pobres persistir, a exclusão for um dos traços de nossa sociedade e a cidadania republicana não for uma prática de todos e para todos, capaz de envolver "diferentes atores sociais". Outra vez certeiro, indica que a escala do problema determina as condições necessárias para a busca de soluções: a participação dos diversos grupos sociais na *polis* só será verdadeira se for uma "incorporação definitiva" e o âmbito em que devem ser inscritas as políticas públicas e ações da sociedade civil, sem deixar de passar por todos os espaços em que a arena pública se constitui, tem que se inscrever na agenda política do país.

Os desafios são muitos, mas todos eles passam, inexoravelmente, por construir políticas sociais de caráter público, entendendo-se o "público" não como espaço de atuação exclusivamente estatal, mas como lugar de formulação, criação e implementação de políticas que digam respeito ao conjunto da sociedade e estejam ordenadas ao bem comum.

Esse desafio único e plural supõe manter vivas as práticas que alimentam e constroem cidadania. Continuadas, aprofundadas e ampliadas, essas práticas criam condições para enraizar o que é de interesse coletivo e possibilitam a constituição de agentes políticos ativos e conscientes.

Consolidada a certeza de que esse é o grande desafio, princípio e fundamento que permite equacionar todos os pequenos e grandes problemas tais como, apenas para citar um exemplo, o enfrentamento da espinhosa questão da segurança pública, que tende a criminalizar a favela, por sua vez subjugada pelo crime. Só com a qualificação da política e dos agentes políticos será possível desfazer a trama que leva a uma crescente indiferenciação entre polícias, milícias, traficantes e bandidos e que embaralha corrupção, drogas, chacinas e balas perdidas, mas sempre com endereço certo.

Olhar de frente esse desafio há tanto tempo ignorado é lutar para que a favela deixe de ser uma cidade "invisível", não como as magníficas cidades invisíveis criadas pela genialidade de Italo Calvino[6], todas elas com nomes de mulher, mas como um espaço de mulheres ou de homens sem nome e de crianças sem futuro, um lugar para o qual o outro lado da cidade dá as costas.

Para tanto, reler *Cidade partida*, de Zuenir Ventura, não como quem repete uma leitura já conhecida, mas como quem estreia um livro e refaz o caminho aberto em suas páginas com olhos e o coração no tempo presente, pode ser um bom começo. E talvez seja a melhor das homenagens a Zuenir Ventura.

Notas

1 Cfr. NEVES, Margarida de Souza. "O bordado de um tempo: a história na estória de *Esaú e Jacó* de Machado de Assis". *Revista Tempo Brasileiro*, Rio de Janeiro, v. 81, n. 2, p. 475-483, 1990.

2 CASTEJÓN, Agostinho. *Questão de ótica*. Rio de Janeiro: [s.e.], [s.d.] Texto datilografado disponível no Núcleo de Memória da PUC-Rio.

3 VENTURA, Zuenir. *Cidade partida*. São Paulo: Companhia das Letras, 1994. p. 116 (fundação do Viva Rio), p. 141 (as vozes do Rio), p. 267 e 268 (audiência com o presidente da República no Palácio do Planalto de uma delegação do Viva Rio.) e p. 271 (os vários participantes do Viva Rio e o movimento após a audiência com o presidente).

4 VENTURA, Zuenir. *Cidade partida*. São Paulo: Companhia das Letras, 1994, p. 268.

5 IBASE. *Relatório do GT Agenda Social Rio*, coordenado pela Finep e integrado por representantes da Fundação Bento Rubião, Ibase, Firjan Rio de Janeiro, [s.e.], [s.d.] e IBASE. *Favelas urbanizadas e integradas à cidade*. Rio de Janeiro: [s.e.], 1998. Textos datilografados disponíveis no arquivo do IBASE.

6 CALVINO, Italo. *As Cidades invisíveis*. São Paulo: Companhia das Letras, 1990.

Itamar Silva é jornalista, morador do Morro Santa Marta, presidente do Grupo Eco e colaborador da Universidade da Cidadania, órgão suplementar da UFRJ vinculado ao Fórum de Ciência e Cultura. Fez parte do grupo fundador do movimento Viva Rio e milita no movimento de favelas do Rio de Janeiro.

LUCIANA BEZERRA

COSTURANDO A CIDADE: NÓS DO MORRO, A OPORTUNIDADE DE SONHAR

O ANO DE 1994 FOI IMPRESSIONANTE! Lembro-me de alguns dos acontecimentos mais importantes no Brasil: foi o ano do real, do milagre do FHC; de PC Farias na cadeia; da morte do Ayrton Senna causando comoção mundial; o ano de formação do Mercosul; o ano da seleção brasileira tetracampeã do capitão Dunga. Logo percebemos que, em 1994, vivenciamos fatos que influenciaram a sociedade nas esferas social, política e econômica. Para um país que sempre acreditou ser o futebol um traço fundamental de sua cultura, o povo não poderia estar mais feliz depois de assistir à seleção desfilar com a taça. E essa vitória nos alienava das sérias questões apresentadas por Zuenir Ventura em seu livro *Cidade partida*.

Naquele ano, eu completei 20 anos. Portanto, havia dez anos que eu crescia dentro da Favela do Vidigal, Zona Sul carioca, na área considerada a mais pobre e perigosa do lugar. Conhecida como 314, próxima da Avenida Niemeyer e ponto de observação privilegiado da entrada para a favela, atendia aos mais diversos interesses.

Nasci na Favela da Rocinha, a representante maior do poder do que eu chamo de cidade-favela. Foram quatro anos ali, crescendo em um barraco da Rua 4. Com a separação dos meus pais, a solução foi mandar a gente morar com a avó na roça, em Maricá, onde fiquei até os 8 anos de idade.

Em 1982, voltei para a minha origem favelada, onde vivo até hoje. No livro *Meu destino era o Nós do Morro*, que publiquei em 2010, pela Aeroplano, eu conto essa história. Quando voltamos para o Rio, fomos morar no Vidigal porque era a "favela do Papa". Minha mãe havia colocado na cabeça que nós tínhamos que morar na "favela abençoada".

É nessa favela-cidade onde vivo desde então. E que me causa admiração quando – assim como a escritora Carolina Maria de Jesus –, ao me deslocar para fora do meu quarto de despejo, o Vidigal, adentro nesta sala de estar que é a cidade: em menos de cinco minutos, caio no Abismo Leblon, sem tempo de elaborar tantas diferenças espremidas entre o mar e a montanha.

Nos anos 1980, havia, também no Vidigal, uma separação e uma desigualdade visíveis na ocupação do morro. Da rua principal para a direita, ficavam os prédios dos artistas da Globo, os prédios e o comércio dos portugueses e as mansões de pessoas influentes, como a casa da família Lins e Silva.

À esquerda, o 314, que era o lugar da boca de fumo mais armada, da lixeira que desovava os corpos e das meninas que engravidavam cedo. Muita pobreza, muita necessidade. Havia até um lugar chamado Beco da Fome, posteriormente apelidado de Vila das Flores. Porque ninguém quer morar num beco de fome! Mas, sem opção, nós fomos para lá.

A partir dali eu comecei a perceber que a sociedade discriminava o morador de favela, ou melhor, o favelado, que não tinha acesso aos serviços básicos, como segurança, saneamento, entre outros. Percebi o olhar da sociedade, que acaba por desumanizar a população pobre e favelada.

Tudo isso é muito velho e muito novo. O cenário e as discussões sobre tantos conflitos sociais, no ano em que Zuenir Ventura lançou seu livro-reportagem *Cidade partida*, estavam ainda ancorados no mito da democratização racial. Era comum escutar "aqui não temos racismo, nosso problema é a desigualdade social", como se fosse possível mascarar o racismo.

Eram os nossos corpos pobres, pretos e favelados os que estavam sofrendo as consequências dessa cisão, refletidas em falta de oportunidades e excesso de violência. Uma situação que se repetia desde que nos constituímos como porto de maior desembarque de seres humanos escravizados no mundo. E isso não mudou. O que mudou veio a partir do enfrentamento desses grupos discriminados, que passaram a reivindicar seus direitos de cidadania. Lamentavelmente, apesar de todos os esforços, há muito a fazer para reparar as injustiças e garantir a equidade de oportunidades.

Mas sou esperançosa. Principalmente, porque miro em uma experiência muito particular: a da escola profissional de experimentação artística criada no Vidigal, o Nós do Morro, fundada em 1986, uma iniciativa de enfrentamento à falta de acesso à arte, à cultura e à educação. E que mudou totalmente a cara da favela. A partir da iniciativa do ator e diretor Guti Fraga e de seus amigos Luis Paulo Corrêa e Castro, Fred Pinheiro, Fernando Mello da Costa e Zezé Silva, o Vidigal ganhou um selo de território cultural.

O grupo se consolidou como esse “oásis de oportunidades”. Foi como se o morro tivesse ganhado um coração novo, com a missão de “dar acesso à arte a quem não tem acesso”. Guti Fraga criou o conceito de “teatro da comunidade para a comunidade”, que fez a cabeça de grande parte de minha geração vidigalense. E vem fazendo a cabeça das novas gerações até hoje, quando completa 38 anos.

Ao relembrar aquele momento, posso afirmar que o Nós do Morro foi uma das primeiras costuras entre o morro e o asfalto por meio da arte e da educação. Professores subiam a favela para dar aulas, e nós passamos a circular nos aparelhos culturais formais. Portanto, a circular pelas veias da cidade. Até então, estávamos limitados ao território da favela.

Essa conquista da cidade gerou mudanças incríveis na expansão de conhecimento para os alunos moradores do Vidigal e na percepção do setor cultural com relação às diversas possibilidades surgidas a partir dali. A escola iniciou uma série de encontros, parcerias e colaborações com instituições artísticas e sociais nacionais e internacionais.

Em 1998, por exemplo, o Nós do Morro realizou um intercâmbio de cinema em projeto liderado pela cineasta Rosane Svartman e financiado pela União Europeia, com a escola de circo Chapitô, de Lisboa. Éramos mais ou menos uns 30 jovens de diferentes países: França, Colômbia, Venezuela, Brasil, Alemanha e Portugal. Em um primeiro momento, encontramo-nos no Rio durante um mês. Depois, fomos a Portugal.

Esse projeto construiu uma ponte que ligou a cidade-favela ao que havia de mais moderno na arte mundial: uma safena que fez com que o sangue corresse mais forte no grupo. Até então, já trabalhávamos havia quase dez anos no território; porém, sem financiamento. Portanto, sem remuneração.

Essa viagem a um Portugal que sediava a Expo 98 – uma exposição mundial que debateu diversos temas, entre eles, a cultura – nos devolveu ao Brasil, ao Rio, ao Vidigal com ainda mais vontade de confrontar esse sistema cruel, de falta de oportunidades para os jovens moradores de favelas, em que estávamos inseridos.

O Nós do Morro propiciou um novo trânsito social e intelectual para um grupo de pessoas, a partir de uma formação voltada para o "ator-cidadão". Era essa a proposta de Guti Fraga, a de formar artistas com o compromisso de se tornarem agentes políticos na sociedade. E não somente isso, desde que se constituiu como grupo cultural, a organização entendeu que era preciso formar uma plateia teatral e cinematográfica.

Essa filosofia iria se espalhar pela cidade. Em 2000, a escola passou a oferecer vagas para jovens de outras localidades, não apenas para os moradores do Vidigal. O patrocínio do programa Petrobras Social permitiu que aquela escola de excelência artística oferecesse cursos gratuitamente para ainda mais pessoas.

Isso foi possível entre 2002 e 2012, quando vivemos bons momentos, chegando a atrair duas mil pessoas para compor 18 turmas, que acolhiam crianças a partir de 7 anos e adultos sem limite de idade.

Há muitas histórias para contar desses 38 anos de existência do Nós do Morro. Essas são algumas delas, que vieram à lembrança quando reli, no livro *Cidade partida*, os capítulos em que Zuenir revela ter reconhecido o poder da arte e da cultura para se costurar a cidade.

E eu estava inserida nessa engrenagem, que criava um novo tecido, onde era possível habitar um território para além do bem e do mal: o da arte e da cultura, um território neutro, ou melhor, comprometido com uma outra agenda. Uma agenda que apresentava um território livre, como resposta dos moradores da favela à sociedade.

A década de 1990 foi a que marcou o surgimento das ONGs – organizações não governamentais – de arte e cultura. E começava para nós, jovens artistas do Nós do Morro, um tempo de muita entrega, aprendizado, multiplicação e responsabilidade social. O mesmo grupo que desenvolvia processos teatrais dava aulas a novos alunos, adultos e crianças. Além de ter construído um teatro com recursos e corpos próprios: o Teatro do Vidigal, até hoje o único em uma favela. Fora, portanto, de um aparelho do Estado. Lembro que não tínhamos tempo para mais nada. A missão era árdua, e nos dedicamos plenamente para concretizar a ideia de construir um teatro da comunidade para a comunidade.

Foi também nessa época que começamos a receber prêmios. Surgia ali um novo tecido social: a cidade não só recebia bem como assimilava a arte produzida pelo Nós do Morro como sua, como genuína do Rio,

Em 1995, fizemos o primeiro Fórum Shakespeare, uma iniciativa da Royal Shakespeare Company, e que foi realizado durante alguns anos no Rio de Janeiro. O Nós do Morro esteve presente em todos os fóruns, estreitando relações com a instituição britânica, sendo o único grupo brasileiro a participar do festival de Shakespeare em Stratford-upon-Avon, cidade natal do autor. Momentos que vamos comemorar sempre porque, mesmo à margem por fazer parte da cidade-favela, onde a arte estava sendo negada como direito, ela estava sendo exercida por seus próprios moradores e com maestria.

É uma história muito potente, em que costuramos uma cidade que necessitava de intervenção cirúrgica, que estava esfacelada. Mas ainda há muitas cicatrizes nesse corpo que parece não cicatrizar nunca.

Foi no intercâmbio de cinema em Portugal, experiência que mencionei antes, que tomei conhecimento do livro *Cidade partida*, usado como parte do material pedagógico do encontro. E foi emblemático não só pra mim. A partir do termo criado por Zuenir, ficou mais fácil entender a cidade.

Ao batizar o Rio, Zuenir apresenta um diagnóstico das entranhas da cidade-favela, que, apartada da cidade-asfalto, só era transitada pelo morador. Um morador que, naquele momento, não tinha nenhuma voz.

Nesses 30 anos, foram várias as experiências criadas por grupos que atuavam na cidade-favela, e que construíram possibilidades de futuro em meio ao caos. Junto com o Nós do Morro no Vidigal, a sociedade passou a contar com a Cufa, na Cidade de Deus, o AfroReggae, em Vigário Geral/Parada de Lucas, o Observatório de Favelas, na Maré, e inúmeras outras organizações que criaram por meio da arte um corpo transitável, transformando esses territórios culturais em lugares acessíveis a toda a população, derrubando estereótipos e reconhecendo uma produção artística de qualidade.

Quantas obras importantes foram produzidas naquele período e que tinham a favela como tema! O livro *Cidade de Deus*, de Paulo Lins, de 1997; o documentário *Notícias de uma guerra particular*, de Katia Lund e João Moreira Salles, de 1999, talvez a obra mais impactante sobre a guerra do tráfico produzida até hoje; o filme *Cidade de Deus*, de Fernando Meirelles e Katia Lund, com a participação massiva dos atores do Nós do Morro, nos projetando definitivamente para o mundo. Ainda, o livro *Abusado, o dono do Morro Dona Marta*, de Caco Barcellos, esse já em 2003 e que levou o Prêmio Jabuti em 2004, consolidando o interesse da sociedade sobre assuntos levantados, já havia uma década, por Zuenir Ventura.

Em 2004, eu tive a oportunidade de lançar meu primeiro curta-metragem, *Mina de fé*, que conta a história da mulher do dono do tráfico no morro, e que realizei graças ao Prêmio de Roteiro da RioFilme. O curta revelava fatos desconhecidos por muitos, ainda que em ficção, como a pouca idade dos traficantes, o tribunal cruel do tráfico e o desrespeito total aos direitos dos cidadãos durante uma operação policial.

De 2004 a 2016, o Nós do Morro montou diversos espetáculos de autores nacionais e internacionais, feitos esses que nós mesmos jamais havíamos sonhado em realizar. Foram muitas as conquistas coletivas. O patrocínio do programa Petrobras Social proporcionou oportunidades e qualidade artística a muitas gerações, que são fazedoras da cultura carioca e que costuram essa cidade, ocupando um espaço antes ocupado apenas pelas classes mais abastadas. E estamos em toda parte: no teatro, no cinema, na música, na dança. Difícil ir a um show, estar em um set de filmagem ou em um espetáculo teatral que não tenha um "Nós do Morro" no palco ou em áreas técnicas, de produção e criação.

Contudo, esse passado de glória foi vivenciado com altos e baixos. Mais baixos do que altos nos últimos anos. Desde que iniciamos essa sutura cultural, temos ido lá e cá, buscando tecer um corpo-cidade que possa, inclusive, promover uma convivência das diferenças com mais gentileza.

Não acredito que iremos nos salvar do capitalismo, dar fim à desigualdade, mas acredito que podemos viver com um olhar mais fraterno, mais caridoso diante da falta. E que isso deva ser pauta em todas as esferas sociais, inclusive na da arte. Nesses anos de exercício artístico, aprendi que a arte deve ser desenvolvida como a fé: com ação, pois, sem ação, a fé é nula.

Ao longo dos últimos 30 anos, nos apropriamos de uma narrativa que conta a nossa história, reivindicando esse direito e tomando a consciência do perigo da "história única". Isso diz respeito às vidas e às vivências de cada um de nós, tanto no que se referia ao passado como aos acontecimentos do cotidiano. Levamos ao palco, por exemplo, uma das cenas que evidenciavam o conflito entre a cidade e a favela, e que se passava na porta de um shopping com um grupo de meninas indignadas por terem sido discriminadas por um atendente de uma loja. No meio delas, havia uma que defendia o estabelecimento e acusava as amigas de agirem como "faveladas".

Era uma personagem colocada estrategicamente para lembrar o quanto tinha pobre repetindo e acreditando nas ideias da classe média. Esse espetáculo teve várias indicações ao Prêmio Shell de Teatro Jovem e deu a Mary Sheyla de Paula o primeiro prêmio dela e também de uma jovem atriz, preta da favela, que já havia passado por aquela situação na vida por inúmeras vezes.

Essa cena fazia parte do espetáculo *Abalou – um musical funk*, que ficou em cartaz com plateia lotada por mais de dois anos. A classe média – estudantes de teatro, cineastas, produtores de elenco – subia o morro para assistir ao *Abalou*. Começava a partir dessa temporada um outro tipo de costura, que permitia um trânsito inverso da cidade para a cidade-favela.

"Eu só quero é ser feliz, andar tranquilamente na favela onde nasci", canta o hino do funk. Mas, para muitos de nós, os quereres estão muito além dos limites da favela. E estamos cada vez mais conquistando espaços, porque queremos ser felizes onde decidirmos estar.

E Zuenir identifica esse poder do funk como cultura legítima e transformadora, dedicando-lhe um capítulo em seu livro. Assim como a capoeira e o samba, o funk é uma importante expressão musical que continua ganhando força, apesar de ainda haver uma imensa discriminação. Porque ser funkeiro não é apenas gostar de um determinado tipo de música, é também assumir a identidade favelada.

Sei que esta "cidade partida" ainda enfrenta grandes desigualdades sociais, violência, corrupção e falta de infraestrutura, o que resulta em uma divisão visível entre diferentes classes sociais e regiões da cidade. A obra de Zuenir Ventura é atual e representa a realidade do Rio de Janeiro em 2024.

Mas, também, não olhar com olhos de esperançar seria invalidar toda a minha trajetória de jovem favelada, vizinha do Beco da Fome, que, com muito sacrifício, me tornei cineasta. Eu conto minhas histórias, escrevo um novo olhar audiovisual, gero novos imaginários sobre o corpo preto nesse mesmo cinema, que durante muito tempo corroborou com os estigmas e estereótipos gerados sobre o espaço e os habitantes da favela. Quando mudamos o olhar e quando a população negra é representada de forma positiva e respeitosa nos meios de comunicação, isso se configura no maior passo para influenciar diversas esferas da sociedade.

Eu e Gustavo Melo, ambos diretores de cinema, formados por essa escola de experimentação, o Nós do Morro, durante as décadas de 1990 e 2000, acabamos de lançar nosso primeiro longa-metragem, *A festa de Léo*, com produção da Coqueirão Pictures e financiado pela Ancine – SAV, no edital da RioFilme e em parceria com Globo Filmes, Bretz Filmes, Grupo Nós do Morro e Favela dos Filmes. E, também, com Rosane Svartman e Jorge Furtado, ícones do audiovisual brasileiro, que são produtores associados, participação essencial para concluir a jornada rumo às salas de cinema. No momento em que finalizo este texto, o filme está em 13 salas de cinema no Rio, além de outras tantas pelo Brasil, sendo, portanto, contabilizado nos números de mercado. E essa é mais uma conquista incrível da cidade-favela!

Quando levo para as telas do cinema o meu "cinema de favela", o meu filme de cria, ele não apenas valoriza a diversidade étnico-racial do país, como também desconstrói estereótipos e preconceitos enraizados. A representação da população negra brasileira nas artes é fundamental para o fortalecimento das nossas autoestima e identidade. Nós, indivíduos negros, somos invisibilizados e subjugados em uma sociedade que reproduz padrões de beleza, sucesso e poder baseados em uma visão eurocêntrica.

É essencial esse tipo de protagonismo da população negra e favelada, não só para que nos vejamos como parte ativa e valorizada da sociedade, mas também para que nossas demandas, lutas e conquistas sejam reconhecidas, respeitadas e lembradas. A diversidade étnico-racial é um dos pilares de uma sociedade democrática e igualitária.

O meu sucesso como cineasta, formadora de opinião e artista multiplicadora se deu no esforço coletivo, nessa experiência aquilombada do Nós do Morro. Dessa forma, tecendo oportunidades e unindo esses corpos que se assemelham em seus desejos de transformação da cidade e da forma de vida através da arte.

Desde os primórdios da Humanidade, a arte tem desempenhado um papel vital na comunicação, na expressão e na reflexão sobre a realidade que nos cerca. Através dela, os seres humanos conseguem transmitir suas emoções, ideias e experiências de forma única e singular. Seja pela pintura, pela música, pela dança, pelo teatro ou pela literatura, a arte tem a capacidade de nos fazer refletir, questionar e pensar de forma mais crítica e sensível.

Além disso, a arte também tem o poder de unir pessoas, promover a inclusão e a diversidade e inspirar mudanças sociais e políticas. Ao abordar temas relevantes e controversos, ela nos convida a repensar o nosso papel na sociedade e a buscar soluções para os desafios que enfrentamos.

Ao apreciar e apoiar a arte, estamos incentivando a criatividade, a inovação e a diversidade, contribuindo para a construção de uma sociedade mais justa, igualitária e humana. Afinal, ela é um reflexo da nossa essência como seres humanos e pode nos inspirar a alcançar o nosso pleno potencial.

E não podemos separar a arte da educação, pois são duas faces da mesma moeda, são como irmãs siamesas, como gosta de citar meu mestre Guti Fraga. As duas compartilham um laço indissolúvel. A arte é a expressão da alma humana, o reflexo de nossas emoções, pensamentos e ideias mais profundos. Ela nos conecta com o mundo ao nosso redor, nos permite explorar outras realidades e nos desafia a ver as coisas de novas perspectivas.

A arte reflete a cultura de uma sociedade, suas crenças, valores e tradições; nos ajuda a preservar nossa identidade e a construir essas costuras entre tecidos, formando uma unidade entre o passado e o futuro.

Quando eu comemoro uma vitória, como, por exemplo, ter *A festa de Léo* em cartaz no circuito comercial, sinto como sendo uma vitória da favela. Mas não posso dizer que a favela venceu sem complementar a frase. Tenho que dizer que "a favela venceu hoje"! Hoje! Porque é preciso comemorar, mas não nos iludir.

As lutas são muitas, e infinitas as causas. A educação, as iniciativas de inclusão social e de capacitação profissional têm contribuído para a redução do desemprego dos moradores das favelas. Mas a violência ainda é um problema, e grande. E que vai se instalar nessa geografia partida da cidade e fazer de reféns absolutos os moradores de favelas, principalmente os das zonas Norte e Oeste, que continuarão a sofrer ainda mais as ações da polícia e do poder paralelo.

E isso gera um corte que sangra profundamente em órgãos vitais da cidade.

É nesse contexto que precisamos agir gerando cada vez mais políticas públicas adequadas, para que seja possível transformar esses territórios em espaços mais dignos e inclusivos para seus habitantes. E para os habitantes da cidade como um todo.

Ao longo desses 38 anos de história, o que posso dizer é que meu grupo Nós do Morro se consolidou como uma referência no cenário teatral carioca, realizando espetáculos de qualidade e formando novos atores, diretores e técnicos. E que passou a compor o mercado do cinema, levando autores, produtores e técnicos.

Não avançamos sozinhos. Caminhar juntos ajudou a cultivar a resiliência e a capacidade de transformação, que vêm gerando uma visualidade e uma corporalidade mais diversa no tecido sociocultural da cidade do Rio de Janeiro, com outras possibilidades, que antes eram inimagináveis para uma "cineasta favelada".

O grupo já recebeu inúmeros prêmios e reconhecimentos, tanto no Brasil quanto no exterior. Seu papel fundamental é a valorização da identidade e da história da Favela do Vidigal, através das atividades culturais que vem promovendo. O fato de chamarmos os professores de multiplicadores de saberes também marca uma filosofia de não retenção de saber de nenhum tipo. Saberes são para serem acessados por quem os deseja. E isso é o ouro da vida. Uma generosidade intelectual, que vai acabar sendo nossa principal ferramenta de desenvolvimento.

Iniciativas como as do Grupo de Teatro Nós do Morro não só engrandecem a arte do Rio de Janeiro. Também promovem a transformação social e a democratização do acesso à cultura. Mudam, com isso, o olhar sobre a História, criando outras narrativas possíveis, na tentativa de costurar com carinho a cidade, e esperançando que alguma geração futura possa deixar de se referir a ela como uma "cidade partida".

Luciana Bezerra é diretora e roteirista. Cria da Favela do Vidigal, sócia do Grupo Nós do Morro, onde se dedicou às artes cênicas e à multiplicação de saberes. Atualmente, é aluna de Letras da PUC-Rio, no curso de Formação de Escritor. Seus últimos trabalhos foram o documentário *7 cortes de cabelo no Congo* (2022), Menção Honrosa do Júri do Festival do Rio, assim como Melhor Documentário no Festival Olhar de Cinema de Curitiba; e *A festa de Léo*, lançado em maio de 2024, que conquistou os prêmios de Melhor Atriz e Menção Honrosa no FESTin Festival.

LUIZ EDUARDO SOARES

CRÔNICA DAS OPORTUNIDADES PERDIDAS

A Zuenir Ventura,
com gratidão e afeto.

HOUVE UM MOMENTO EM QUE PARECIA que ia dar certo. Desde que se olhasse com boa vontade e bons olhos, isto é, com a fé que projeta sobre o fenômeno contemplado a expectativa positiva. Talvez este seja apenas um modo delicado de definir ingenuidade. Admito, fomos ingênuos. Mas, afinal, há profecias que se autocumprem e, portanto, não se deve excluir inteiramente a hipótese de que certas ilusões eventualmente sejam construtivas, ou terapêuticas. Não se trata das tolices que inundam o mercado de autoajuda, do tipo: "acredite em seu sonho, e ele se realizará". Por vezes, expectativas cumprem papel relevante no desfecho dos processos sociais, para o bem ou para o mal. Quem leu os clássicos da filosofia política moderna sabe do que estou falando – a tese do contrato social deriva de reflexões conceituais sobre o direcionamento político de expectativas. Um exemplo bastante familiar aos brasileiros é a inflação inercial: os agentes econômicos elevam os preços de seus produtos para se proteger do prejuízo que a inflação esperada provocará. Ou seja, precipitam a inflação que temem. Individualmente, seu comportamento é racional; coletivamente, não.

Há casos em que, para mudar dinâmicas que se retroalimentam, corrigir expectativas é fundamental – o Plano Real não foi indiferente ao tema. Com frequência, expectativas não resultam da confiança em promessas ou compromissos, ou de crenças escatológicas, mas da mobilização de afetos e de estímulos positivos à imaginação. Uma sociedade regida pelo medo tenderá a render-se à tirania ou a evocá-la. Quem teme não acolhe o desconhecido de braços abertos; arma-se, previne-se contra o ataque temido, antecipa-se à agressão alheia, atacando, ou se recolhe ao espaço privado e se tranca em um bunker. O medo não convive com a generosidade. A abertura ao outro é vista e vivida como vulnerabilidade. Se nossa meta for a sociabilidade cooperativa, valorizando a igualdade cidadã, convém trocar o medo pela confiança. Mas como se vira esta chave?

Eis, em síntese, o que quero dizer: mesmo que o mestre Zuenir Ventura – como tantos de nós – tenha sido menos cético do que as décadas seguintes recomendariam, o que, em 1993 e 1994, ele testemunhou e descreveu no celebrado *Cidade partida*[1] corresponde a um retrato fiel ao espírito do tempo – se me permitem a pompa. No livro, sua dicção moderadamente solar traduz a atmosfera em que estávamos imersos e cuja carga afetiva foi indispensável para que ele mesmo e seus companheiros de travessia tivéssemos nos jogado de corpo e alma na militância cívica pela mudança do Rio de Janeiro. Digo nós porque de algum modo compartilhei a experiência de estremecer ante o terror das chacinas cometidas na Calendária e em Vigário Geral, e de reencontrar a esperança na mobilização da sociedade civil – uma década depois das Diretas Já. Acabei tendo o privilégio de figurar no elenco de personagens retratados no livro.

Disse "moderadamente solar", porque o lado sombrio de nossa realidade não foi escamoteado. O adjetivo luminoso fica por conta da perspectiva que a obra adota, sem abdicar da crítica e reconhecendo os imensos desafios e as dificuldades oceânicas. A perspectiva é a unidade da cidade, é a aposta afetiva na unidade, é o compromisso ético e político com a transformação democrática da sociedade, reduzindo as desigualdades e superando a fratura que o próprio autor não hesita em denominar *apartheid*.

O livro se abre insinuando o pôr do sol no Arpoador. Os leitores antecipamos o dilúvio de clichês: beleza tropical, dança infinita, frenesi das almas sensuais, lubricidade feérica de corpos sublimes, festa contagiante da praia à floresta, o povo habitando feliz um cartão-postal em harmonia inabalável. Nada disso. A promessa de futilidade e redundância era só um truque para nos desarmar. Guarda baixa, atenção volatilizada, é hora do *punch* na boca do estômago. O narrador nos leva pela mão ao mirante debruçado sobre o abismo assombroso. Com a doçura amarga da fina ironia, a leveza hipnótica do encantador de serpentes, os capítulos vão vertendo sobre nós um Rio de sangue, um passado lúgubre e repulsivo, em que se gestava a tempestade colhida nos anos 1990. Aos poucos, caem por terra a idealização do passado, a imagem edulcorada dos anos dourados, toda a ladainha nostálgica que sustenta, por contraste, a versão de que o presente, traindo sua origem paradisíaca, é pura ruína e decadência. Com a serenidade do cronista despretensioso, o autor vai escavando a memória histórica para fazer saltar à vista o fio de continuidade que liga a violência dos dias atuais à brutalidade que deu origem à cidade, ao país, atravessou os séculos e nunca foi extinta. Os anos nunca foram dourados, e essa mistificação opera um apagamento cúmplice do que há de pior em nós: o que se omite no passado bloqueia a percepção do que deve ser visto no presente. E o que é isso? A cidade partida, o país dividido, a sociedade fraturada, a desigualdade abissal que nos constitui.

Sem meias-palavras, o relato historiográfico em tom jornalístico desmascara a cumplicidade da polícia com o crime, sob as bênçãos de políticos e militares. Nos anos 1950, é o próprio general Amaury Kruel, chefe de polícia do Distrito Federal, indicado pelo presidente, que se envolve nas redes corruptas dessa promiscuidade, participa da distribuição regular de propina e cria, sem qualquer pudor republicano, o Serviço de Diligências Especiais (SDE), embrião dos Esquadrões da Morte. Nas décadas seguintes, os Esquadrões crescerão e se multiplicarão, envolvendo-se com as mais variadas modalidades de ação criminosa. Servirão à ditadura como torturadores, negociarão com bicheiros, venderão seus serviços sujos a todo tipo de agenciador e serão responsáveis por um sem-número de execuções extrajudiciais. O general garantia a impunidade de seus subordinados e dela se beneficiava. Não é de espantar, portanto, que, em 1964, esse mesmo lamentável personagem, então no comando do II Exército, tenha aderido ao golpe de Estado, traindo o presidente João Goulart e a legalidade constitucional. Sua biografia não revelara qualquer apreço por legalidade.

Os massacres da Candelária e de Vigário Geral, que chocaram a opinião pública em 1993, não eram os primeiros crimes bárbaros cometidos por policiais nem seriam os últimos. A linha de continuidade nunca fora rompida. Assassinatos de negros e pobres fazem parte do acervo de iniquidades que remontam à escravidão e ao processo colonial genocida, que dizimou sociedades originárias. Trazendo à luz especialmente os antecedentes ocorridos nos chamados anos dourados, período que resplandecia graças à amnésia seletiva, a obra de Zuenir estragava a festa dos nostálgicos. Seu livro, em sintonia com Raul Seixas, era a mosca pousada na sopa do senso comum reacionário.

Resistir à rasura do passado servia a um propósito político decisivo: a barbárie escandalosa da última década do século XX não poderia ser contida e revertida com a romântica volta ao velho normal, com a restauração das tradições, com a retomada do trilho histórico do qual, supostamente, o Rio de Janeiro (quiçá o Brasil) teria se desviado. Pelo contrário, a barbárie demonstrava que Belchior estava certo: apesar de termos feito tudo que fizemos, ainda éramos os mesmos e vivíamos como nossos pais. Apesar de o país ter comido o pão que o diabo amassou e ter conseguido vencer a ditadura, promulgando a Constituição-Cidadã em 1988, havia pontos cegos, áreas não cobertas pelos sinais dos novos tempos democráticos: as polícias e as favelas; a Justiça criminal – com seu cruel sistema penitenciário – e as desigualdades abissais.

A segunda parte do livro, mesclada à primeira, relata o dia a dia da mobilização contra a violência e a favor de iniciativas destinadas a mitigar os efeitos das desigualdades. O palco era a cidade do Rio de Janeiro, onde os protagonistas à frente da mobilização foram tomados por uma energia inusitada, às vezes frenética, no período coberto pela obra, o segundo semestre de 1993 e o primeiro de 1994. Embora a sociedade civil fluminense nunca tivesse sido apática, havia algo novo no ar. Até por ter sido capital, a sociedade carioca, dividida pelos interesses de classe e por adesões ideológicas antagônicas, participou das grandes lutas e manifestações locais e nacionais. Em 1965, logo após o golpe, elegeu um governador de oposição, Negrão de Lima. Foi às ruas contra a ditadura, antes de o AI-5 sufocar o país. Voltou a tomá-las pela anistia, elegeu Brizola, realizou a maior concentração popular na campanha das Diretas Já, retomou o ânimo gregário quando as associações de moradores, nas favelas e nos bairros de classe média, puderam se organizar, e ocupou sindicatos e entidades representativas, cumprindo sua parte no esforço coletivo de empurrar a ditadura ladeira abaixo.

Por outro lado, a extrema direita conservou sua força, no Rio, dos integralistas nos anos 1930 aos nichos militares terroristas que resistiram à abertura política no final da década de 1970 e início dos anos 1980. Não por acaso, muitos anos mais tarde brotaria no Rio o neofascismo bolsonarista. Tampouco foram fruto do acaso a intimidade e o livre-trânsito entre agentes da repressão política e as polícias fluminenses, revigorando suas culturas corporativas hegemonicamente refratárias aos valores consagrados na Carta Magna.

O Rio também sediou o núcleo dirigente da campanha contra a fome, liderada por Betinho, nos anos que sucederam à consolidação da mudança de regime. O objetivo era matar a fome de milhões de brasileiros, engajando o conjunto da sociedade nesse esforço, o que implicaria difundir a consciência de que é escandaloso, absurdo e inaceitável que um país continental e rico, produtor de alimentos, no final do século XX, ainda convivesse com a insegurança alimentar de contingentes tão numerosos. A ideia era enfiar a fome goela abaixo da agenda pública, de tal modo que autoridades, candidatos, mídia, empresários e lideranças sociais compreendessem o caráter prioritário e urgente do tema e se sentissem obrigados a assumir compromissos práticos: quem tem fome tem pressa. A trajetória de Betinho, que o situava à esquerda do espectro político e o levara ao exílio, era coerente com as finalidades daquela mobilização, mas não deixava de sugerir certa inflexão: ele abandonara a retórica belicosa, a ênfase nos conflitos e antagonismos, clamava por cooperação ampla e irrestrita, acolhia representantes de todas as classes e filiações ideológicas. Por isso, alguns de seus velhos companheiros de jornada se decepcionaram com o que chegaram a considerar despolitização, embora o respeitassem e admirassem. Havia nesses meios muita desconfiança com as ONGs, às quais os críticos atribuíam a disposição de substituir o Estado e as políticas públicas, isentando os governos de suas responsabilidades sociais e favorecendo, desse modo, indiretamente, a implantação do neoliberalismo, cuja fórmula sintética era (e continua sendo) Estado mínimo e privatização.

Todavia, o sucesso da campanha acabou por torná-la um verdadeiro movimento de conscientização sobre a desigualdade. Tanto é verdade que a disputa eleitoral para presidente, em 1994, começou sob o signo da fome, o que catapultou à liderança das pesquisas de intenção de voto o candidato mais identificado com a reversão das desigualdades, Luiz Inácio Lula da Silva. Somente em junho, o tema central na agenda passaria a ser a inflação, o que inverteu as tendências e elegeu, no primeiro turno, Fernando Henrique Cardoso, artífice político do Plano Real.

Quando explodiram as chacinas em 1993, a sensação era de que o Rio chegara ao fundo do poço. Muita gente, respirando os novos ares da democracia recém-conquistada, magnetizada pelo clima de que era possível começar de novo, vestindo a carapuça do dever cívico, se perguntava o que fazer. Era cedo demais para capitular. Mal se inaugurara o tempo de promessas e esperanças. A nova Constituição tinha cinco anos de idade, estava longe de ter se irradiado para todas as esferas da vida nacional. A queda do Muro de Berlim prenunciava o fim da Guerra Fria. A democratização parecia uma onda poderosa, rompendo barreiras para a emergência de uma nova era, na qual o grande protagonista talvez viesse a ser, no vocabulário da época, a sociedade civil – depois da Igreja, do partido, do Estado e do mercado.

Betinho talvez não empregasse essas palavras com a naturalidade e a convicção de seu amigo e parceiro Rubem César Fernandes, que viria a sucedê-lo como a liderança mais destacada da sociedade civil carioca desde que capitaneou a criação do Viva Rio, no segundo semestre de 1993. Curiosamente, Betinho e Rubem foram marcados pela formação religiosa – católica, Betinho; protestante, Rubem. Ambos tiveram de se exilar durante a ditadura. Rubem e seu amigo Pedro Celso Uchoa Cavalcanti talvez tenham sido os únicos brasileiros duplamente exilados: foram obrigados a fugir do Brasil e da Polônia. Sentiram na pele a repressão de regimes ditatoriais ligados aos dois lados da Guerra Fria. A experiência direta produz efeitos mais profundos do que idiossincrasias ideológicas. Daí, provavelmente, algumas diferenças sutis, mas significativas, entre Betinho e Rubem, as quais, entretanto, jamais arranharam a parceria – e a amizade.

Talvez haja algum fundamento sociológico no fato de que tanto a campanha contra a fome quanto o movimento Viva Rio – unindo os mais variados grupos sociais contra a violência – tenham surgido numa cidade menos orgânica e estruturada – não em São Paulo. Faria sentido afirmar que o voluntarismo teve mais chances de prosperar no Rio? A força econômica da indústria e, por isso, dos sindicatos se espelha no vigor do PT paulista, em contraste com o fluminense. Isso parece evidente. Soa razoável sustentar que o Rio, território da informalidade, talvez fosse menos sensível ao apelo de certas mediações que dependem de graus mais exigentes de organização estruturada e institucionalizada. Contudo, resisto à tese rudimentar de que o getulismo e o brizolismo encontraram solo mais fértil no Rio porque o lumpesinato e a fragilidade da classe operária favoreceriam o sucesso do populismo. A própria categoria lumpesinato é preconceituosa e simplificadora, assim como a ideia de populismo mereceria um tratamento muito mais rigoroso, até porque alude a experiências históricas muito mais complexas. Além disso, convenhamos, São Paulo elegeu personagens como Jânio e Maluf. É o que basta para nos salvar das classificações reducionistas.

O voluntarismo não deve ser entendido sob um viés exclusivamente negativo, embora haja aspectos contraproducentes. Entre eles, a geração de expectativas incompatíveis com a efetiva capacidade de alcançar resultados, provocando frustração e desânimo, e corroendo a reserva de confiança na ação coletiva, que vai se tornando cada vez mais escassa. Mais grave ainda é a descontinuidade, que tende a condenar ao fracasso mesmo as iniciativas virtuosas e as mais admiráveis conquistas. Iniciativas voluntaristas costumam obedecer a um padrão conhecido: o eventual êxito na partida é sucedido pelo esgotamento da energia e dos recursos investidos na ação, e finalmente pelo abandono do que estava sendo construído. Não havendo a profissionalização dos envolvidos, os compromissos tendem a ser relaxados, e a taxa de engajamento decai. Inexistindo o planejamento, apostando-se que o caminho é feito ao caminhar, a beleza da promessa, o encantamento do percurso, os passos iniciais que comovem dão lugar a mil motivos para a dispersão. A persistência do engajamento é extremamente difícil e rara. A trajetória do Viva Rio comprova a tese: o movimento se institucionalizou – e foi esse o modo que encontrou para sobreviver e continuar a ser útil à sociedade. Perseguindo um itinerário distinto, a campanha contra a fome é um desses casos improváveis de resiliência. Reinventando-se, permanece ativa. Contudo, o grau de mobilização que logra provocar e a escala de seu impacto não são os mesmos, salvo em situações excepcionais.

Há o lado positivo do voluntarismo e há ocasiões em que nada o substitui. Além disso, quando funciona, embora provisória e precariamente, a ação voluntarista revela características peculiares da sociedade que precisam ser valorizadas, características oriundas da conjuntura e de aspectos estruturais. Uma sociedade menos orgânica é mais fraca, mais precária e disfuncional, de alguns pontos de vista e quando se consideram determinados critérios, mas pode ser mais forte quando se avalia a partir de outras perspectivas que priorizam outros fins. Menos organicidade corresponde a menos demarcações, a fronteiras menos rígidas, menos consolidadas, entre segmentos sociais e identidades.

Organicidade remete a relações verticais estáveis, com divisão do trabalho funcional, articulando – por dependência ou interdependência, segundo normas reconhecidas e supervisionadas – operadores da instituição ou trabalhadores da empresa, proprietários, redes integradas de fornecedores, consumidores, mecanismos de financiamento, entidades reguladoras, órgãos públicos especializados etc. A representação política e sindical tenderia a espelhar cada um dos interesses que se cruzam ou se opõem. A inscrição dos envolvidos em territórios vincula a moradia a sistemas de serviço e a normas que regem a habitação e o transporte. Saúde e segurança, provisão de atendimento familiar, creches e escolas, esse conjunto dinâmico se reproduzindo sem fissuras e crises seria indicador de organicidade social. Esta categoria, sem ser um conceito, aponta para uma espécie de modelo de coesão nunca experimentado na vida real em sua plenitude, e que, na verdade, dissimula conflitos e contradições, embora forneça referências relevantes – que aqui nos bastam – para uma descrição sumária e superficial. Em síntese, organicidade corresponde a menos fragmentação, menos atomização individual, menos pulverização de interesses, menos pressão centrífuga sobre as pautas ideológicas. Por isso, atribui-se tradicionalmente o sucesso de políticos populistas à inorganicidade das sociedades: o voto e a adesão, em vez de refletirem interesses bem definidos e solidamente inscritos em relações econômicas, que por sua vez se traduzissem em outras tantas identidades e inscrições estruturais, terminam sendo voláteis ou galvanizados por personalidades bonapartistas, cuja força sedutora sensibilize emoções e agregue por afinidades simbólicas e valorativas. Em lugar de espelhar blocos sociais por suas radicações específicas em estruturas socioeconômicas, esse tipo de liderança produz blocos sociais, antes dispersos, transitando entre ofícios eventuais e sendo desafiados, cotidianamente, pelos mais diferentes problemas em suas jornadas existenciais. Políticos personalistas, de índole autoritária e corte salvacionista, que poderiam perfeitamente mobilizar linguagens e imaginários religiosos, ou que assumem explicitamente o perfil religioso, eles são variações do profeta e talvez prosperem com mais facilidade no mundo regido pela informalidade desestruturada, nas sociedades condenadas a crises sucessivas, comunidades que sobrevivem na instabilidade e na insegurança.

Já se vê que esse reino do caos e do desemprego, da precarização dos vínculos e do sucateamento do Estado, da desidratação dos direitos e do rebaixamento das expectativas, da dissolução progressiva dos vínculos não territorializados, será o ambiente fértil para a expansão da religiosidade neopentecostal - agregadora e acolhedora - nos meios populares, para a corrosão da confiança no Estado e na política, para a afirmação do medo como afeto preponderante, com todas as suas implicações na reprodução ampliada da violência. Esse reino do caos é o império da ordem neoliberal. E o quadro só ganha contornos ainda mais graves e dramáticos quando incluímos na equação a crise climática e seus efeitos devastadores. Refugiados do clima serão os novos deserdados da terra.

Aqui chegamos ao ponto-chave para entender com mais profundidade a importância da contribuição de *Cidade partida*. Ao relatar os bastidores das articulações que conduziram à criação do movimento de cidadãos chamado Viva Rio, em 1993, Zuenir Ventura lança luz sobre a paradoxal potencialidade positiva da inorganicidade e de seu irmão gêmeo, o voluntarismo. Com dois ou três telefonemas a dois ou três interlocutores, que por sua vez ligariam para outros tantos parceiros, muito antes da comunicação por internet, antes das estratégias de mobilizar *hubs* na *web*, foi possível pôr lado a lado, na mesa de diálogo, os donos dos principais jornais, empresários, líderes de favelas e de sindicatos, personagens icônicos da cidade. Não foram travadas propriamente negociações, Betinho e Rubem César não eram exatamente mediadores, o objetivo das primeiras reuniões era etéreo e vago, o método posto em prática era improvisado, nada soava consistente a um observador pragmático. Uma pessoa sensível e compassiva disse a outra que o sofrimento provocado pela violência havia ido longe demais, a outra disse que era preciso fazer alguma coisa, a terceira acrescentou a cláusula de urgência, a quarta e a quinta se emocionaram, a sexta se deixou contagiar, a sétima admitia que não se tratava de concordar ou discordar, mas de agir, a oitava não sabia como, mas preferia compartilhar a perplexidade e a indignação com os outros do que se deprimir e chorar sozinha, e assim seguiu a corrente, energizando uma galera, como se diria hoje, uma galera atônita e disposta a descobrir, coletivamente, um caminho.

Será que em São Paulo conexões pessoais reuniriam tão rapidamente a Fiesp, a Febraban, o sindicato dos operários de São Bernardo, as cúpulas religiosas, os proprietários dos meios de comunicação e líderes dos bairros mais pobres, sem que houvesse uma proposta concreta a negociar, apenas a vontade de pensar junto? Não sei. Por que no Rio não foram procuradas entidades, mas indivíduos? O que importa é constatar que no Rio aconteceu. E certamente não aconteceu apenas porque a sociedade carioca era gelatinosa (como diria Gramsci), e algumas lideranças iluminadas da sociedade civil souberam tirar partido dessas condições sociológicas. A conjuntura também ajudou. Talvez tenha sido decisiva.

A conjuntura era o imediato pós-promulgação da Carta constitucional. Vale reiterar: estamos falando de 1993. No processo constituinte, as negociações envolveram ampla e intensa participação. O resultado foi um pacto de inspiração social-democrata, rico em direitos, mas com garantias para o livre mercado; pródigo com a iniciativa privada, embora valorizando a presença do Estado. Tratava-se de um contrato social que buscava equilibrar proteção social, educação e saúde públicas com o reconhecimento de preceitos liberais. Enfim, visava-se edificar um *welfare state* tropical. A vaga neoliberal, impulsionada por Thatcher e Reagan, já assomava no horizonte, mas ainda não se impusera como pensamento único. As sociais-democracias nórdicas tinham sido oriundas da tibieza das elites capitalistas. Constrangidas pela vizinhança da União Soviética e por ameaças revolucionárias, elas foram induzidas a ceder aos sindicatos de trabalhadores os anéis para não perder os dedos. No Brasil, a maré montante do clamor por democracia, num contexto de aceleração inflacionária, gerava incerteza e ansiedade para as elites, sobretudo considerando-se a campanha das Diretas, a eleição de Brizola e o maremoto petista, que levou Lula ao segundo turno da eleição presidencial em 1989. O conforto conservador ante a descompressão do regime militar, desembocando na abertura lenta e segura, divisava riscos na aceleração do processo histórico. Collor foi uma tentativa desastrada de popularizar a ruptura com o getulismo, de estigmatizar o papel do Estado na economia e de criar condições para impor limites à progressiva conquista de direitos. Mal tinha sido celebrado o pacto constitucional, em 1988, o primeiro presidente do novo regime escalou o moralismo (antimarajás) para implodir os fundamentos da Constituição. Deu no que se sabe, e a demagogia moralista se desmoralizou – mas não por muito tempo. Itamar, embora eleito vice na chapa de Collor, representava o contrário do presidente que renunciaria para evitar o impeachment. O zigue-zague prosseguiria, num curioso paralelismo com as reviravoltas políticas fluminenses. O Rio elegeu Brizola, seu oponente Moreira Franco, de novo Brizola e outra vez um oponente, Marcello Alencar, em 1994.

Em 1993, todos pareciam dispostos a conversar: elites, trabalhadores, camadas médias, artistas, intelectuais, ativistas, jornalistas, formadores de opinião, religiosos. A travessia rumo aos respectivos ideais e à afirmação dos próprios interesses seria bem mais sinuosa e complicada do que muitos haviam suposto, à direita e à esquerda. Um aventureiro não abriria os portos às nações amigas, decretando o fim do projeto de *welfare*, nem Lula chegaria lá na primeira tentativa para colocar em prática a cartilha revolucionária. O pacto exigia uma convivência tormentosa, mas talvez não houvesse alternativa a manter as ambições no interior de seus parâmetros. Nesse ambiente, talvez se explique a ingenuidade que parecia impregnar a linguagem, a etiqueta, o modo de pôr-se no mundo, a cultura política emergente que aquela galera respirava. A ingenuidade que Zuenir detectou e que de certa forma, em alguma medida, compartilhou talvez não fosse ingenuidade, mas sintonia com seu tempo.

A frase que abre este artigo vai ao coração do que ali, no meio da década de 1990, era treva e era sol: "Houve um momento em que parecia que ia dar certo". Equivocado, entretanto, melhor do que o vaticínio: "Tenho certeza de que vai dar errado", corrente nos dias de hoje, quando o antropoceno acelera o descrédito das utopias.

A turma que salpicava diversidade no caldeirão de ideias e aflições sentou-se, de fato, lado a lado e dispôs-se a escutar o outro, pensar junto. Havia nisso generosidade, reconhecimento efetivo da necessidade de rever, criticamente, o *apartheid* que dividia a cidade. Talvez fosse preciso ceder, recuar, reatar laços, rever métodos e prioridades. Interesses elementares não estavam sendo sacrificados, não se tratava de cancelar origens, identidades, convicções e, insisto, interesses. Mas de submeter tudo isso à refração de um mínimo denominador comum. Nenhuma campanha, nenhum movimento ganharia tração sem um consenso mínimo. O pacto constitucional se renovava, em pequena escala, informalmente. É como se os protagonistas do Viva Rio admitissem: vamos todos recuar para localizar um ponto comum. Quem se jogou afoito na aventura Collor, quem tentou golpear a eleição de Brizola, quem pôs todas as fichas na hipótese Lula radicalizado, promovendo um cavalo de pau no país. Nenhum desses lances ou expectativas deu certo. Por outro lado, conforme ia ficando claro para todos, enquanto investíamos nossas energias nas disputas incessantes, a cidade e o estado do Rio despencavam em queda livre.

As pessoas convocadas para se debruçar sobre problemas urgentes da cidade não foram chamadas – vale repetir – para avaliar uma proposta objetiva, mas para pensar, coletivamente, porque, afinal, era preciso fazer alguma coisa – o que, convenhamos, não quer dizer muita coisa. Não estava na mesa a questão, hoje tão crucial, da representatividade: quem representava o quê? Quem selecionara as pessoas a convidar? Por quais critérios? Quem os definira? O que se sabia sobre esse fenômeno genericamente denominado violência? As chacinas policiais seriam manifestações de um fenômeno único e homogêneo, a violência? Nenhuma dessas perguntas, evidentemente pertinentes, impediu ou retardou a iniciativa que reuniu cidadãos e cidadãs em torno da mesa. De novo, inorganicidade e voluntarismo. E, de novo, a afirmação paradoxal de tais limitações como potencialidades. Em 2024, nada disso seria possível, para o bem ou para o mal.

Das primeiras discussões resultaram algumas deliberações, entre elas e com destaque a paralisação da cidade por dois minutos. Uma ousadia, uma aposta de risco que ameaçava matar o movimento no nascedouro. Nas palavras de Zuenir, a cidade iria paralisar suas atividades por dois minutos, ao meio-dia do dia 17 de dezembro. A ideia era: "Vai parar contra a violência. Vai parar para refletir. Vai parar para começar de novo". Numa cidade acostumada a vaiar até minuto de silêncio, como dizia Nelson Rodrigues, citado por Zuenir, era muita coragem pendurar a credibilidade do que ainda engatinhava no silêncio reverente do povo carioca. Parecia um completo absurdo. Juntar as pessoas por um ritual; reunir a cidadania para uma ação simbólica. Que desperdício de energia – parecia aos observadores pragmáticos. Pois funcionou, e projetou com força o movimento, então reduzido ao nome e à enunciação de um desejo. Eu mesmo testemunhei, incrédulo, emocionado e calado, engatado no cordão que abraçou a igreja da Candelária, o silêncio que desabou, torrencialmente, na Avenida Presidente Vargas. Chovia a cântaros. Como o signo para o fundador da linguística, Ferdinand de Saussure, o ato simbólico foi arbitrário *a priori* e motivado *a posteriori*: dois minutos fora do tempo, separados da vida mecânica em que agimos como autômatos; eles não eram nada, uma bolha oca, e, no entanto, nos comoveram, evocando outros mundos possíveis. Como definir beleza?[2] Assim como o sacrifício – na tradição de Mauss relido por Lévi-Strauss – instaura um elo com a divindade para, eliminando-o, abrir o vácuo a ser preenchido pelo dom, a graça divina, a performance coletiva inaugural do Viva Rio criava o laço diáfano com o conjunto da sociedade, um laço etéreo, volátil, breve, suspenso no ar por um instante. Suprimido naturalmente pelo retorno do tempo rotineiro, gerava-se o vácuo a ser preenchido pelo dom, a dádiva coletiva em favor da restauração de vínculos entre os cidadãos e cidadãs, indistintamente: de cooperação, solidariedade, respeito. Tudo excessivamente subjetivo e vago – diziam os críticos –, distante da objetividade das estruturas que apartavam classes sociais e territórios, violando os mesmos direitos que a Constituição acabara de consagrar. Sem dúvida, mas redirecionar expectativas não é chave para o contrato social? E não era necessário infundir alma e paixão no corpo formal da Carta Magna?

Esta longa reflexão, seguindo os rastros de Zuenir, visa tornar inteligível o que tenderia a soar absurdo, e essa avaliação negativa teria consequências, porque, se fosse mesmo despropositado, estaria certo quem observou o processo de gestação do Viva Rio com o mais amargo ceticismo, ou pior: como farsa, manobra diversionista cuja finalidade seria simplesmente acuar o governo do estado, desgastá-lo, desestabilizá-lo e inviabilizar a campanha presidencial de Leonel Brizola. O olhar crítico não era inspirado em teorias da conspiração, apenas na constatação da presença, entre os protagonistas do Viva Rio, de inimigos poderosos do brizolismo, como os proprietários da Rede Globo.

A desconfiança por parte do governo do estado era mais do que compreensível. Pessoalmente, eu apoiava o governo, especialmente o vice-governador Nilo Batista, que assumiu em abril de 1994, quando Brizola se desincompatibilizou para disputar a presidência. Nilo, advogado brilhante e corajoso, atuante na resistência à ditadura, adepto da criminologia crítica, fora o responsável – entre muitas outras medidas meritórias mais importantes – pela revogação das barreiras que impediam o acesso aos dados criminais. Ainda como secretário de Justiça e secretário de Polícia Civil, posições que acumulava com a de vice-governador, tinha sido a primeira autoridade a reconhecer a precariedade desses dados, a necessidade de investir em sua qualificação – para a qual ele contribuiria, diretamente – e a relevância de pesquisas independentes. Um exemplo basta para demonstrar sua honestidade intelectual. Decidiu efetuar uma mudança importante, em nome da transparência, embora soubesse que sua iniciativa poderia eventualmente prejudicar o governo: até 1992, as classificações na base de dados não distinguiam vítimas e registros de homicídios dolosos. Todos os casos eram classificados apenas pelos registros. E o registro muitas vezes incluía mais de uma vítima, às vezes diversas vítimas, especialmente nas chacinas. Somando-se os registros, produzia-se uma totalização falsa, reduzindo-se o número de vítimas, isto é, de homicídios. Nilo identificou o problema e determinou a contagem por vítimas. Foi um salto extremamente significativo. Aliás, por esse motivo, no Rio não é possível realizar levantamentos diacrônicos lineares: estaríamos comparando duas medidas diferentes. A gestão Nilo foi um marco. As pesquisas a que me dediquei com colegas não teriam sido viáveis sem sua autorização, que aliás nunca foi condicionada a qualquer limitação à autonomia acadêmica.

Minha posição era peculiar e me permitia dialogar tanto com o governador quanto, dada a amizade com Rubem e nossa parceria profissional, com a cúpula do Viva Rio. De um lado, eu entendia as suspeitas do governo; de outro, lamentava e temia que as resistências levassem o Rio a perder a oportunidade de experimentar uma inusitada e ampla coalização, que viesse a sustentar uma plataforma de políticas públicas e iniciativas societárias convergentes e complementares, voltadas para a redução das desigualdades e da violência, inclusive e especialmente da brutalidade policial – expressão do racismo, que não cessava de intensificá-lo. A pauta do movimento Viva Rio não se esgotava no ritual silencioso: propunha-se a levantar recursos para programas que gerassem renda e emprego, estimulassem novos modelos de ação policial, compatíveis com os direitos humanos, e que auxiliassem o incansável Caio Ferraz, sociólogo e líder comunitário em Vigário Geral, a edificar a Casa da Paz, onde alguns dos 21 moradores inocentes tinham sido fuzilados aleatoriamente por policiais. Este projeto, obsessão admirável de Caio, visava eternizar a memória das vítimas e preservar, na favela, a mobilização por mudanças. De que modo uma pauta desse tipo poderia contrariar um socialista que dedicara a vida à luta democrática, como Nilo Batista, que não recorreu aos jargões pusilânimes tradicionais quando confrontado pela audácia criminosa de policiais. Estas foram suas palavras, citadas por Zuenir: "A cultura de extermínio está viva nos porões da polícia e sai como uma fera à noite para matar".

Claro que não havia choque entre as intenções. O que Nilo Batista temia – e com razão, a meu ver – era que o governo perdesse o protagonismo e passasse a ser regido por uma agenda que o mantivesse na defensiva, limitando-o a reagir a iniciativas alheias. Perder o poder de definir a agenda era, de fato, muito sério, porque a mídia, que sinalizava trégua, por meio do envolvimento no Viva Rio, contraditoriamente continuava a hostilizar Brizola, o próprio Nilo e o governo do PDT. Seria preciso um sangue-frio excepcional para lidar com essa contradição, avançando no diálogo para reverter o desgaste político crescente no caminho da convergência. Seria mesmo um enorme desafio capitalizar a aliança com a sociedade civil, quando não havia redes sociais ou internet, e a opinião pública, que dependia predominantemente dos meios de comunicação tradicionais, era impactada por verdadeira campanha midiática contra o governo – isso tudo em ano eleitoral. Na prática, estavam em curso duas campanhas, uma conduzida pelo Viva Rio contra a violência e as desigualdades; outra, contra o governo. E a mídia – por meio dos proprietários – estava nas duas. Sua presença no Viva Rio seria condição de êxito do movimento; por outro lado, inibia a disposição de diálogo do governo.

Minha hipótese interpretativa é polêmica e de sustentação frágil: creio que as elites (não apenas midiáticas) viviam uma contradição. Não porque seus membros divergissem entre si, mas porque se moviam e aderiam a pautas e valores intrinsecamente contraditórios. Admitiam: o pacto social-democrata, consagrado na Constituição, teria mesmo de ser respeitado e cumprido, com todas as suas consequências, porque desenvolvimento e democracia não conviveriam com o nível absurdo das desigualdades brasileiras, e a massa popular merecia serviços públicos decentes – inclusive os serviços prestados pelas polícias. Ao mesmo tempo, a efetiva implantação de um *welfare state* lhes cobraria um preço econômico elevado e, provavelmente, perda de poder político, com efeitos imprevisíveis. Brizola era o nome desse futuro desconhecido e assustador; Nilo, seu avatar.

A sinalização que vinha dos países centrais apontava para o desmonte do Estado de bem-estar social. Os cavaleiros da selvageria neoliberal já desembarcavam por aqui com estrépito. As elites pareciam a encarnação do personagem dividido, criado pelo genial Robert Louis Stevenson: Dr. Jekyll e Mr. Hyde. Dialogando com vários de seus representantes, sobretudo na primeira década da Constituição, percebi esta hesitação constitutiva. Ainda havia lideranças empresariais comprometidas com a indústria, preocupadas com o país. O capital financeiro, mesmo hegemônico, ainda não sequestrara os demais interesses das elites nacionais: hoje, industriais e produtores toleram juros estratosféricos, porque as perdas são compensadas pela especulação financeira. Houve um tempo em que o capitalismo brasileiro era menos, digamos para simplificar, compacto. Além disso, a divisão a que me reporto não se refere só à economia e às visões das elites sobre seus próprios interesses. Havia hesitações em planos culturais, valorativos. O balanço dos custos morais, no sacrifício do sentido de responsabilidade social, provocava maremotos subjetivos. O país caminhava aos trancos e barrancos da gramática afetiva regida pela compaixão de matiz católica – indulgente e autoritária – para a indiferença, império do individualismo meritocrático, prenúncio do ódio, que reina, hoje, soberano, no rastro do neofascismo.[3]

Se faz sentido a hipótese da ambivalência, não seria ingênua a crença de que poderia dar certo um movimento tributário da sinergia no interior da sociedade civil e da convergência com o governo. Ela apenas estaria destacando uma das faces do deus Janus, uma das manifestações do personagem duplo Dr. Jekyll & Mr. Hyde – tão real quanto a outra. Além disso, esta hipótese estenderia para a cultura política a metáfora que deu título à obra de Zuenir: não só a cidade estaria partida; a divisão diria respeito não apenas à profundidade das desigualdades da sociedade carioca, também corresponderia à cisão entre dois modelos ideológicos e valorativos que orientavam afetos, avaliações, prospecções e adesões políticas das elites e, por que não?, dos demais atores sociais contemplados pelo relato. A cidade partida era, além de tudo o mais já mencionado, o espelho de personalidades moral e ideologicamente partidas.

O momento em que há o esforço maior de aproximação pode ser também marcado pela elevação de tensões e antagonismos, sucedidos por inflexões surpreendentes. Uma compressão que potencializa atritos e desconfianças recíprocas, e que se precipitam no mais remoto e insondável da alma humana. Nós andávamos aos trancos e barrancos, encharcados de emoção. Medo, suspeita, ódio e amor. Zuenir flagrou cenas preciosas. Entre elas, não consta a seguinte, que tive o privilégio de testemunhar e que, a meu juízo, sintetiza alguns dos mais importantes aspectos do drama que estirou os nervos do Rio naquele período.

Sentados na sala de espera do Palácio Guanabara, Rubem e outros três representantes do Viva Rio aguardavam a audiência com o governador, na qual pela primeira vez as ideias-chave do movimento lhe seriam apresentadas, com a intenção de dissolver resistências e mal-entendidos, fluidificar a comunicação, gerar confiança mútua e estabelecer planos de colaboração. Eu os acompanhava porque ajudara a viabilizar o encontro e poderia facilitar o diálogo. A ansiedade nos emudecera. Os minutos passavam puxados a carroça na ladeira íngreme. Ninguém se animava a conversar. Era melhor nos concentrarmos em nossos respectivos papéis. Cafezinho e copos d'água não amenizavam o temor de que a reunião fosse cancelada. Que sinais a demora emitia? Cálculos desse tipo alimentavam a paranoia e agravavam a agonia. Finalmente, a secretária saiu do gabinete, dirigiu-se ao sofá e às poltronas em que aguardávamos e disse, para meu embaraço e o constrangimento geral, que o governador pedia que eu e Rubem entrássemos. Apenas os dois. Rubem sussurrou aos demais que ficassem ali; o obstáculo que porventura houvesse logo seria removido.

Caminhei ao lado de Rubem César rumo ao gabinete do governador, coração aos pinotes, especulando em silêncio sobre os motivos que teriam levado àquele modo de parcelar a recepção. Da porta entreaberta à mesa do governador, na ponta oposta da sala, não sei quantos passos nos separavam. Mas lembro perfeitamente meu pulso socando as têmporas e as ideias implodindo, turvadas pela contagem regressiva. Lado a lado, como dois soldados, avançamos. Nilo Batista nos olhava, acompanhado pelo pastor Caio Fábio, que o convertera e casara. Caio era amigo de Rubem, e isso era um bom sinal, mas não abrandava a tensão. Passos no tapete felpudo não ecoam. O ambiente era mais sombrio do que hierático. Nilo, de costas para a mesa, de frente para nós, deu, enfim, um ou dois passos em nossa direção. Por um instante, ele e Rubem, frente a frente, estancaram. O ar da sala parecia drenado pelo vácuo da mais absoluta imprevisibilidade. O tempo suspenso, e as leis da física. Duelo imóvel e mudo. Finalmente, ante meu assombro, lançaram-se nos braços um do outro, e choraram, convulsivamente. Caio Fábio abençoou o enlace dos irmãos com uma oração, nós quatro abraçados. Depois da deposição de armas e da insistência nas intenções fraternais, o governador autorizou a participação dos demais.

O acordo sonhado não aconteceu. Não veio a trégua. Nem a convergência.

Rio de afetos, alagado de sangue, teatro de guerra e beleza, estivemos tão perto de outro caminho; outro caminho que talvez nos salvasse do desfiladeiro.

* * *

Zuenir era uma lenda lá em casa, antes mesmo que minha estima conquistasse maioridade e pudesse mandar no próprio nariz, emancipando-se das opiniões familiares. Por isso, posso dizer que o conhecia bem antes de encontrá-lo naquele almoço armado por Rubem César Fernandes, em 1993, na Praça São Salvador. Antes disso, nos faláramos ao telefone, quando ele me convidou a escrever uma resenha sobre a tese de Eduardo Viveiros de Castro para o caderno Ideias, do *Jornal do Brasil.* Resenha que escrevi com enorme admiração, alguns consideraram excessiva e hoje me orgulha. Assim que chegamos, Zuenir me falou com entusiasmo da pesquisa para um livro, tantas cidades numa só, a violência, as desigualdades, a importância de rememorar o passado sem idealizações para calibrar as avaliações sobre o presente. Eu lhe falei de Caio Ferraz, grande figura, jovem sociólogo de Vigário Geral, que representava muito bem o avesso dos estigmas que aprisionam as favelas na imagem da carência e da brutalidade. Passei-lhe o contato. Caio seria anfitrião e mediador nos dez meses em que Zuenir visitaria regularmente Vigário e arredores. Antes do cafezinho, mostrei-lhe uma foto: ele e meu pai, jovens, no tiro de guerra, em Friburgo. Aquela amizade tão distante e remota era relíquia sagrada de meu pai. Naquele almoço, aprendi que afeto também se herda.

Notas

1 VENTURA, Zuenir. *Cidade partida*. São Paulo: Companhia das Letras, 1994.

2 SOARES, Luiz Eduardo. *O Mágico de Oz e outras histórias sobre a violência no Rio* e *O herói serial e a sensibilidade pragmática: alguns comentários sobre a violência e a nova sociedade civil no Rio de Janeiro in*: SOARES, Luiz Eduardo. *Violência e política no Rio de Janeiro*. Rio de Janeiro: Iser & Relume Dumará, 1996.

3 SOARES, Luiz Eduardo. *Dentro da noite feroz*; o fascismo no Brasil. São Paulo: Boitempo, 2020.

Luiz Eduardo Soares é escritor, antropólogo e cientista político, professor da pós-graduação em Literatura da UFRJ e titular da Cátedra Patrícia Acioli, no Colégio Brasileiro de Altos Estudos da UFRJ. Publicou 26 livros, dos quais os mais recentes são *O Brasil e seu duplo* (Todavia, 2019), *Dentro da Noite Feroz*; o fascismo no Brasil (Boitempo, 2020) e o romance *Enquanto anoitece* (Todavia, 2023).

SILVIA RAMOS

VIOLÊNCIA POLICIAL: ONDE A CIDADE É MAIS PARTIDA

"Se preciso for, autorizarei
o extermínio puro e simples
dos malfeitores"
GENERAL AMAURI KRUEL, 1958

"CARTA BRANCA PARA MATAR" E A DOBRADINHA CORRUPÇÃO E VIOLÊNCIA POLICIAL

A primeira grande surpresa de *Cidade partida* é a abertura do livro – que poderia ser exclusivamente voltado para a reportagem sobre a chacina de Vigário Geral e as respostas do Rio – com 50 páginas que reúnem um levantamento histórico sofisticado, rigoroso e inesperado sobre a naturalização da violência policial nas favelas desde os anos 1950. Aliás, Zuenir retrocede a 1945, período da redemocratização após o Estado Novo, quando se imaginava que o fim da ditadura Vargas trouxesse novos ares para as polícias. Como diria um jornalista nos anos 1950, "os ventos da democracia não varreram os corredores e as masmorras policiais. Uma polícia que serviu à ditadura continua imune ao processo de democratização que se iniciou em 1945. Nenhuma reforma foi feita nesse sinistro Departamento Federal de Segurança Pública".

Estamos acostumados, sobretudo nós, pesquisadores do campo da sociologia da violência e dos estudos de segurança pública, a repetir que as bases da brutalidade policial que vivemos hoje no Brasil – com mais de seis mil mortes por ano decorrentes de ação policial, um dos números mais altos do mundo – encontram-se no período da ditadura militar (1964-1985): nas torturas ocorridas nos quartéis, na militarização das polícias dos estados, na ideia de que as polícias devem operar uma "guerra" contra o crime, no desejo compulsivo por equipamentos de combate.

Mas Zuenir mostra que a articulação de esquemas que institucionalizaram a violência policial nas favelas, contra negros e pobres, não é exclusivamente tributária da ditadura militar. Ela é anterior, gestada na criação do Serviço de Diligências Especiais (SDE) na gestão do general Amauri Kruel (1901-1996) na Secretaria de Segurança do Distrito Federal de então.

Em 1958, quando era chefe de polícia do Rio de Janeiro e foi pressionado pela Associação Comercial, que afirmava que a cidade estava "infestada de facínoras", Kruel criou o SDE, que tinha carta branca para tomar "medidas drásticas" contra o crime. Na ocasião, o general declarou que, se fosse preciso, autorizaria "o extermínio puro e simples dos malfeitores". Foi criado um grupo de elite dentro da polícia que tinha em seus quadros egressos da Polícia do Estado Novo. O *Jornal do Brasil* dizia que "nenhuma restrição foi imposta a suas missões". O grupo do SDE, ao qual foi dado o direito de matar, ficou conhecido como Homens de Ouro, Turma da Pesada e Esquadrão da Morte. Esses homens tinham como missão subir morros, invadir barracos, desentocar assaltantes e "limpar a cidade".

Em 1959, Kruel, o exterminador de bandidos, foi descoberto como o principal beneficiário de caixinhas do bicho, lenocínio, hotéis, cartomantes, ferro-velho, aborto, drogas e cassinos. O operador era seu filho, Nei Kruel. As denúncias foram feitas pelo jornalista Mário Morel, que as sustentou diante de uma CPI. Kruel acabou demitido, mas recebeu a solidariedade de delegados, detetives e de seu substituto, o coronel Crisanto Figueiredo. À saída da Secretaria, desceu as escadarias do prédio carregado nos ombros de comissários e investigadores.

O mesmo general voltaria à cena com o Golpe de 1964, quando ocupava o poderoso comando do II Exército em São Paulo. Era amigo pessoal de Jango, foi seu chefe de Gabinete e seu ministro da Guerra. João Goulart acreditava em sua lealdade, mas, na noite de 31 de março, Kruel aderiu ao golpe. Cecil Borer, antigo auxiliar de Kruel, era o homem forte no setor de segurança no governo Carlos Lacerda.

Poucos meses depois do golpe militar, em agosto de 1964, um dos membros do grupo que formava o chamado Esquadrão da Morte, o detetive Milton Le Cocq, foi morto quando tentava matar o criminoso conhecido como Cara de Cavalo. Após esse episódio, a perseguição ao criminoso mobilizou dois mil homens de todas as delegacias e divisões da Secretaria de Segurança. Na noite de 3 de outubro de 1964, quando Cara de Cavalo foi apanhado nos arredores de Cabo Frio, de bermudas e sandálias, sem carro e sozinho, recebeu cem tiros de metralhadora. Importante notar que esse tipo de armamento já era ostentado por policiais nessa época – antes da ditadura militar – e era um dos símbolos da "força contra o crime". Alguns dos policiais que estavam na tropa de fuzilaria eram Sivuca, Hélio Vígio, Luis Mariano e Euclides Nascimento. Vários dos personagens que participaram da caçada ao Cara de Cavalo reapareceriam em postos importantes do Executivo e do Legislativo do Rio de Janeiro, em comando nas polícias ou como deputados e vereadores nas décadas seguintes.

30 ANOS DE POLÍTICAS DE SEGURANÇA

Zuenir abre *Cidade partida*, antes de contar a história da Chacina de Vigário Geral, lembrando que para entender o que aconteceu com o Rio de Janeiro e termos nos tornado campeões de histórias de violências que se suplantam, e porque esse quadro foi se agravando ao longo das décadas, é preciso antes de mais nada lembrar que a autorização para a violência nas favelas vem dos anos dourados, de antes da ditadura, do Rio Bossa Nova, em meados do século passado.

A "fátua", a maldição de uma sentença incitando ao assassinato, emitida por um general no comando da Polícia Federal ("extermínio puro e simples dos malfeitores"), vem da época em que o Rio não tinha problemas com a violência e as casas dormiam de portas abertas. Em que Tom e Carlos Lyra compunham músicas na rua de madrugada, em que atrizes de Hollywood andavam pela noite de Copacabana procurando namorados. A ordem para policiais matarem, desde que fosse dentro das favelas, não foi revogada, exceto em pequenos períodos que não se transformaram em políticas duradouras.[1]

Quem quer entender a segurança pública no Rio tem que olhar para o fato de que a combinação entre corrupção e violência policial praticada dentro das favelas contra negros e pobres tem autorização tácita ou explícita de governos, vindas diretamente das autoridades de segurança e de chefes de polícia, além de grande parte das elites empresariais e de uma parte da mídia há décadas. A autorização para matar, desde que se dê nos limites das favelas e dos bairros mais pobres da Região Metropolitana e que suas vítimas sejam jovens negros ("é tudo bandido", como disse o general Hamilton Mourão após a chacina de Jacarezinho), é anterior a fenômenos como o Comando Vermelho, os donos dos morros, os fuzis nas favelas, o Bope ou os caveirões e blindados aéreos, as milícias, Bolsonaro, Witzel ou Castro.

A autorização para matar nas favelas, a prática de milhares de operações que se repetem por anos, em que policiais saem dos batalhões pendurados em veículos blindados, com coletes e fuzis e se dirigem diariamente para as franjas das favelas para guerrear com grupos armados locais e fazer mortos, sem que isso altere em nada as condições de segurança, não tem a ver com indicadores de criminalidade nem com respostas contra um determinado tipo de crime. Também não tem a ver com dinâmicas específicas de criminalidade nem mesmo com uma suposta guerra às drogas.

A matança policial é um método adotado pela polícia fluminense e independe de haver roubos a bancos, sequestros, roubos de cargas ou de transeuntes, homicídios, feminicídios ou estupros e tem a ver com políticas e políticos, como vemos no gráfico a seguir.

O gráfico das mortes decorrentes de ação policial ao longo dos últimos 30 anos é um retrato impressionante de que as polícias nas ruas respondem imediatamente aos políticos nos palácios.

MORTES DECORRENTES DE AÇÃO POLICIAL | RIO DE JANEIRO, 1993-2023

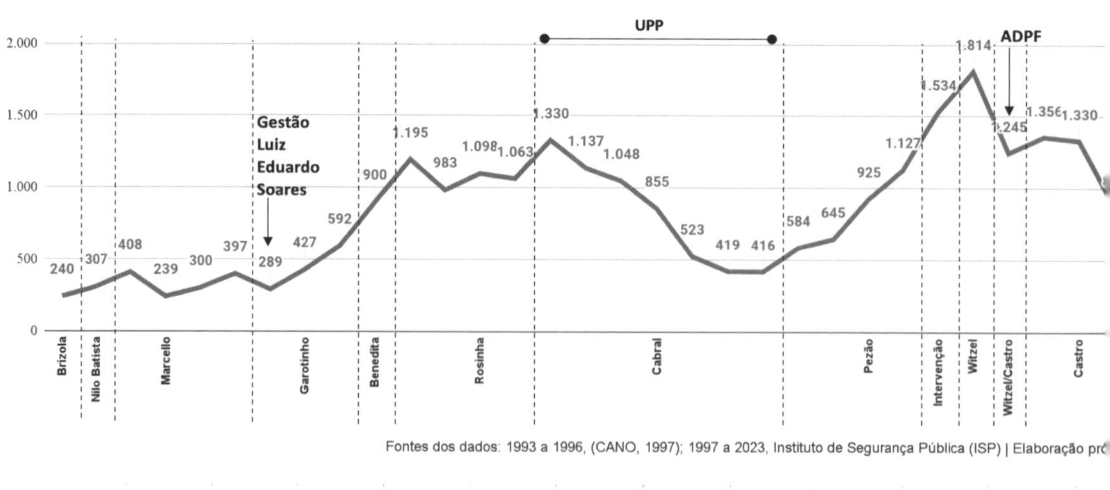

Fontes dos dados: 1993 a 1996, (CANO, 1997); 1997 a 2023, Instituto de Segurança Pública (ISP) | Elaboração pr

Uma das formas de analisar políticas de segurança de uma cidade, um estado ou um país é analisar o uso da força letal pelos agentes. Vários fenômenos de violência numa sociedade, como homicídios, roubos ou agressões, dependem de variáveis complexas e não diretamente controladas pelas forças de segurança. Por exemplo, o crescimento ou o decréscimo das taxas de homicídios de um local podem depender de disputas ou acordos entre os próprios grupos criminais, que resultam em assassinatos sendo executados ou evitados a curto prazo, e correspondem menos à presença de policiais nas ruas ou às políticas de segurança do momento. Roubos, idem, podem estar mais relacionados a facilidades de negociação dos objetos roubados (carros, celulares etc.) do que diretamente a policiamento preventivo. Crimes interpessoais precisam ser contidos por programas de prevenção de longo prazo e por investigações e punições de agressores, como no caso dos feminicídios, e não por presença de policiamento nos bairros. Mas as mortes decorrentes de ação policial estão direta e imediatamente relacionadas às políticas desenvolvidas por governadores, chefes e comandantes de polícia.

Olhando para essas décadas, um dos exemplos mais evidentes da relação entre letalidade policial e orientações das políticas de segurança é a queda das mortes decorrentes em 1999, durante a gestão do antropólogo Luiz Eduardo Soares na Segurança Pública, no primeiro ano do governo Garotinho. O início do programa UPPs (Unidades de Polícia Pacificadora), no final dos anos 2000, quando forças policiais entravam em comunidades dominadas por grupos armados sem confrontos e estimulavam o desarmamento local juntamente com o controle absoluto da letalidade policial, foi outro exemplo. Na época as mortes despencaram de mais de mil por ano para menos de 400. A sabotagem das próprias polícias a essas regras e a rearticulação das facções criminais juntamente com o crescimento das milícias, no fim dos anos Cabral e nos anos do governo Pezão, explicam a curva ascendente de letalidade policial, que evidencia essa decadência de forma impressionante.

O ano da intervenção militar federal em 2018, no governo Temer, com generais no comando da Segurança, sendo um deles Braga Netto, que foi candidato a vice-presidente na chapa derrotada de Bolsonaro em 2022, atingiu o ápice dessa curva até então, com 1.534 mortes, algumas delas resultantes de chacinas traumáticas na Rocinha, na Maré e no Complexo do Alemão.

Esses números e o espetáculo de barbáries repetidas sob comando da intervenção federal, assim como o fuzilamento por engano de um músico que passava com sua família em Deodoro, com mais de 80 tiros disparados por soldados do Exército, só foram superados pelo paroxismo da brutalidade policial executada durante o breve governo de Wilson Witzel com 1.814 mortes cometidas por policiais em 2019.

Em 2020, o Rio assistia a um crescimento alucinatório de descontrole policial, em plena pandemia de Covid-19, quando o STF (Supremo Tribunal Federal) interveio na segurança do estado e determinou, via ADPF das Favelas,[2] a proibição de operações policiais durante a pandemia. Nos primeiros meses após a determinação do STF, as mortes decorrentes de ação policial despencaram de mais de cem para menos de 40. Voltaram a crescer na gestão de Cláudio Castro (foram 1.320 em 2022). No curto prazo de seu primeiro ano como governador após a cassação de Witzel, Castro autorizou chacinas oficiais que se tornaram históricas, como a de Salgueiro, em São Gonçalo (oito mortos em 2021), Jacarezinho (27 civis mortos em 2021) e Vila Cruzeiro, no Complexo da Penha (23 mortos em 2022).

É crucial observar que essas gestões se deram na vigência do governo Bolsonaro, a quem em grande medida se atribui a eleição do desconhecido Witzel em 2018 e de seu vice, Castro. Importante observar que o mesmo governo Castro, após sua reeleição em 2022, sob a pressão suscitada pela morte do menino Thiago Flausino, na Cidade de Deus, e a enorme pressão federal – explicitada por um discurso de Lula dando uma bronca pública no governador, em agosto de 2023 –, iniciou um processo de redução da letalidade policial que tem que ser acompanhado nos próximos anos.

Em contraste com as chacinas da Candelária e de Vigário, que foram realizadas por policiais em ações não autorizadas pelos comandos, as chacinas ocorridas durante a intervenção federal, o governo Witzel e o governo Castro foram oficiais e autorizadas, sendo comemoradas por chefes e pelos governadores como operações bem-sucedidas. Essa é uma mudança chocante dos resultados de 30 anos de políticas de segurança baseadas na brutalidade contra negros e pobres nas favelas: em 1993 as chacinas policiais causaram constrangimento e perplexidade para o governo do estado, em 2023 trouxeram reafirmação do discurso "duros contra o crime" e orgulho corporativo.

Uma das características próprias da segurança do Estado do Rio, nas três décadas desde a chacina de Vigário, é o fortalecimento e o prestígio de unidades especiais como o Bope e a Core – herdeiras simbólicas do SDE do general Kruel e do Dops da ditadura militar. Essas unidades de operações especiais, precisamente autorizadas a matar, tornaram-se cada vez mais centrais nas políticas de segurança do Rio de Janeiro, assim como o uso intensivo de veículos blindados (caveirões) e helicópteros blindados, além do uso generalizado em todas as unidades policiais – inclusive nas unidades civis – de fuzis.

A estratégia de pilotar a segurança pública a partir de "operações policiais militares" se consolidou na última década.[3] Nunca mais se falou em programas de prevenção da violência com foco em jovens de favelas e raramente se falou em elucidação de homicídios pela polícia investigativa. Foram raros os casos de apreensão de grandes quantidades de fuzis em operações de inteligência sem violência e fora das favelas. Nesses anos as facções de drogas se fortaleceram e se ampliaram da capital para toda a Região Metropolitana, assim como, na última década, para a Região dos Lagos, Costa Verde e interior.

Não é surpresa que as mortes por ação policial andaram par e passo com o crescimento e a expansão dos grupos criminais. Nos últimos anos, os batalhões campeões de violência letal foram os de São Gonçalo e Duque de Caxias, na Baixada. Atualmente, em 2024, é o da Região dos Lagos (Cabo Frio e região). Olhando a curva de homicídios do Rio de Janeiro junto com a curva das mortes por policiais, verificamos que a violência das forças de segurança antecipa e confirma a violência dos grupos armados ilegais.

O surgimento das milícias, de forma mais explícita no final dos anos 2000, foi o resultado surpreendente, mas não inexplicável, das políticas de segurança autorizadas nos anos anteriores, em que violência e corrupção foram não apenas toleradas como estimuladas por chefes e comandantes. E por cinco governadores presos e um cassado.

Inicialmente, esses grupos se deram na forma de policiais vendendo segurança na Zona Oeste, e posteriormente com o controle de território para o monopólio de fornecimento de gás, internet, material de construção e do próprio mercado imobiliário. Em anos posteriores a milícia passou a ser composta por grupos oriundos do tráfico de drogas em favelas e se expandiu fortemente para a Baixada Fluminense e a Região dos Lagos. Atualmente, as milícias correspondem a estruturas criminais armadas híbridas, e em conflito por domínio de territórios, tanto com as facções de drogas como com outros grupos de milícias. O espetáculo da queima de 25 ônibus no final de 2023 na Barra da Tijuca, no Recreio e em Santa Cruz, após a morte de um miliciano, foi a teatralização do poder surpreendente desses grupos em territórios inteiros, compreendendo grandes áreas contíguas de favelas e asfalto.

A representação de interesses milicianos nos Poderes Legislativos nas três esferas impressiona, assim como dentro das estruturas municipais e estaduais do Executivo, especialmente nos âmbitos de fiscalização e licenciamento territorial. Atualmente, a articulação de organizações milicianas criminosas com "negócios" não abertamente criminais, como igrejas evangélicas, transporte, quiosques nas praias, mercado imobiliário, postos de gasolina, reciclagem e empresas legais de fornecimento de serviços, complexificou as saídas para enfraquecê-las, e é demonstração cabal de que não existe crime organizado sem a participação da polícia.

Zuenir faz a anatomia das relações íntimas entre violência e corrupção policial nos capítulos sobre os anos 1950, mostrando que os policiais da Scuderie Le Cocq, ou seja, os "duros contra o crime", eram os mesmos que se autorizavam a ganhar dinheiro vindo de atividades criminais ou ilegais (caixinhas do jogo do bicho etc.). Aquilo que chamou de "escândalo precursor" era descrito em manchetes de jornais da época como "a invasão do crime nos quadros do Departamento Federal de Segurança Pública". Quando faz um giro para os anos 1990 e descreve em minúcias os fatos que levaram à chacina de Vigário, implicando a participação de policiais na disputa por uma carga de drogas, o assassinato de quatro agentes e o massacre subsequente como operação-vingança dos Cavalos Corredores durante um domingo de jogo do Brasil contra a Bolívia, Zuenir resume: "a polícia fazia parte do crime que deveria combater".

Essa é, talvez, a característica mais essencial e persistente das políticas de segurança do Rio nesses 30 anos. De forma quase ininterrupta desde os anos 1990, a política de segurança do Rio se baseia na prática de tiroteios exclusivamente em favelas e na produção da morte de pessoas cuja cor em mais de 80% dos casos é negra.[4] É racismo declarado que se pratica com a autorização de autoridades e a naturalização de boa parte da sociedade, tanto do Rio de Janeiro quanto do Brasil. Olhando o gráfico das mortes por ação policial, contabilizamos 25.596 mortes por policiais em 31 anos. O contexto da maioria dessas mortes é o das operações policiais, ou seja, o efeito trágico e ineficaz de políticas de segurança.

Muitas vezes, ao longo desses anos, autoridades de segurança afirmaram que "apenas reagem aos traficantes". Não é verdade. Se as polícias usassem outros métodos para desarticular quadrilhas (investigação, inteligência, impedimento do ingresso de armas e munições para grupos ilegais etc.), não haveria tantas mortes. Se a polícia não adotasse durante todos esses anos o confronto e a letalidade como método, não haveria esse número injustificável de mortes cometidas por policiais.

A contribuição da polícia no aprofundamento e na radicalização do modelo de criminalidade e nas dinâmicas de violência letal que se desenvolveram nas últimas décadas tem sido discutida em vários trabalhos e a partir de diversos pontos de vista. Os observadores concordam num ponto: não há domínio territorial do tráfico e da milícia sem participação policial. Seja na forma de omissão, negociação, informação, proteção ou participação direta.

Na verdade, as formas de participação da polícia no negócio do crime no Rio de Janeiro foram se sofisticando. O "arrego", ou melhor, a "quebra de arrego", foi a causa principal de chacinas, banhos de sangue e excessos policiais que o Rio de Janeiro conheceu durante 30 anos. A dinâmica é simples, ainda que contraintuitiva. Os policiais "duros contra o crime", os mais intransigentes, as tropas mais violentas, aqueles que não têm dó nem piedade de criminosos, são precisamente os mais inclinados ao uso da força letal e, ao mesmo tempo, à eventual negociação quanto ao direito de matar. São essas lógicas que regem os cálculos cotidianos de intervenção policial, que tantas vezes acaba em tragédias.[5]

A variável explicativa mais forte para entender as particularidades e a intensidade da criminalidade e da violência no Rio de Janeiro é a própria polícia e as políticas de segurança. O que criou no Rio de Janeiro características específicas e únicas, que transformaram o estado em um caso singular no Brasil e com raros paralelos no mundo contemporâneo na área da segurança pública, foram as próprias políticas de segurança pública e não as dinâmicas do mundo do crime – que na verdade seguem sendo praticamente as mesmas nas últimas décadas.

O que o Rio tem de único não são os criminosos mais perigosos do Brasil nem as facções mais inteligentes ou mais violentas. O que expandiu as dinâmicas de confrontos armados entre criminosos e policiais que havia desde os anos 1990 nas favelas cariocas para a Baixada Fluminense, e recentemente para o litoral (Região dos Lagos e Angra dos Reis) e o interior do estado (Campos, Volta Redonda, Barra Mansa), foi exatamente a política de segurança praticada pelas polícias estaduais. Uma evidência desse fato é que as mesmas dinâmicas não se reproduzem em estados próximos, como Minas Gerais, Espírito Santo e São Paulo. Essas polícias estaduais, historicamente, não adotaram o confronto nas favelas e a letalidade como suas estratégias principais. Minas Gerais, por exemplo, estado com mais habitantes do que o Rio de Janeiro, registrou 120 mortes decorrentes no mesmo ano que em que o RJ registrava 1.245.

Olhando o gráfico de mortes decorrentes de ação policial vemos isto: os momentos de maior letalidade policial não correspondem necessariamente a momentos de crises de segurança, mas a decisões políticas das autoridades de serem "duros contra o crime" e omissos no controle da corrupção. Foi assim com o general Kruel nos anos 1950, com o general Nilton Cerqueira no governo Marcello Alencar e a "gratificação faroeste" nos anos 1990, com o governo Rosinha Garotinho e seu secretário envolvido com milícias (Álvaro

Lins), foi assim com a ascensão progressiva dos autos de resistência na decadência das UPPs durante o governo leniente de Pezão e, principalmente, foi assim na intervenção militar federal, em 2018, e no governo Witzel e em sua continuação, o governo Castro. Tudo isso tendo por trás o cenário de governantes inescrupulosos e corruptos.

Pensando na chacina de Vigário Geral, que espantou o Rio em 1993 e justificou o livro de Zuenir, impressiona como os massacres se tornaram uma constante e foram legalizados: apenas de junho de 2019 a maio de 2021 foram 92 chacinas policiais no estado.[6] As polícias continuam sendo duas: uma que funciona para proteger as áreas mais abastadas da cidade e outra que abusa da violência e do desrespeito nas favelas. Duas polícias: ou melhor dizendo, a mesma polícia partida em duas. Uma que provê segurança e outra com licença para exterminar malfeitores, se for nas favelas.

ZUENIR, O ETNÓGRAFO

Cidade partida se desenvolve em boa medida em torno da expectativa crescente de ouvirmos a "voz do crime". Visitando Vigário Geral dezenas de vezes ao longo de um ano, tendo como piloto o incrível jovem intelectual e ativista Caio Ferraz, Zuenir faz uma etnografia daquela aldeia. Naquela "tribo", o chefe era o jovem criminoso Flávio Negão, um dos traficantes mais famosos do Rio e considerado um dos chefes do Comando Vermelho.

Impressiona no livro a existência das 35 páginas desse capítulo central, nas quais se encontra a transcrição, sem edição, da voz de Flávio Negão. Ouvir o traficante de forma direta, crua e inteira, sem cortes e interferências, foi talvez uma das grandes radicalidades do livro. Raras vezes o jornalismo – nem as ciências sociais – tinha trazido para tão perto a voz de um líder do tráfico de drogas.

Anos depois, Caco Barcelos escreveu *Abusado* (2003), o livro reportagem em torno de Marcinho VP do Morro Santa Marta. Misha Glenny, jornalista britânico, escreveu *O dono do morro* (2015), sobre o traficante Nem da Rocinha. Bruno Paes Manso tem usado intensivamente as estratégias de Zuenir, de articular recursos da etnografia, da sociologia e da ciência política para produzir livros-reportagem, entrevistando personagens do mundo do crime, como fez em *A República das milícias* (2020) e *A fé e o fuzil* (2023). Em 2023, a série audiovisual *Vale o escrito* ouviu bicheiros e traçou o perfil de criminosos envolvidos com assassinatos por encomenda e milicianos, incluindo policiais.

Mas a verdade é que raramente o jornalismo carioca voltou a ter a coragem de trazer para dentro das reportagens o personagem principal dos dramas da cidade. Muitos alegam que isso seria "dar voz aos bandidos". Efetivamente, o assassinato do jornalista Tim Lopes, em 2002, certamente foi um divisor de águas e acabou contribuindo para uma tendência sempre presente no jornalismo profissional das grandes empresas, o privilégio quase exclusivo das versões oficiais.

Essa tendência foi discutida por mim e Anabela Paiva no livro *Mídia e violência* (2007), em que ouvimos jornalistas que descreveram em detalhes a deterioração crescente do contexto de cobertura em favelas, os problemas de segurança implicados em "entrar nas favelas" e a opção – assumida oficialmente por suas empresas após a morte de Tim – de não aceitarem condições impostas por chefes de quadrilhas locais para retratar o contexto desses bairros ou gravarem entrevistas. Além disso, como Zuenir mostra brilhantemente em *Cidade partida*, há sempre o problema insuperável de confirmar versões de suspeitos ou criminosos confessos. É verdade, mas essa questão também pode estar presente na política, no mundo empresarial e em outros.

Em entrevista para o *Mídia e violência*, Zuenir explicou: "A ideia era saber o que se passava na cabeça de um traficante criminoso. Acho que pela primeira vez se soube o que um traficante pensava, como matava, como agia". E acrescentou: "Acho que se pode dar a palavra a um bandido, desde que se tome cuidado para não transformá-lo em 'vítima da sociedade', celebridade, herói ou bandido social".

O fato de que um dos personagens das dinâmicas de violência foi suprimido, ou praticamente banido da cobertura e mesmo das grandes reportagens, acabou intensificando a presença de uma voz quase única nessas produções, a autoridade, às vezes o promotor, mas quase sempre as versões oficiais e o "mundo da polícia".

Nos anos 2000 surgiram com força os coletivos de jornalistas de favelas, o que trouxe uma nova e salutar tendência na cobertura da realidade das periferias. Esses grupos passaram a falar por eles próprios sobre a vida nas favelas, com menos estigmatizações, olhares estrangeiros, vieses colonizadores e prescindindo de etnógrafos, sociólogos ou analistas políticos. Cobrem muitas vezes com mais vitalidade e verdade aspectos como cultura, saúde, educação e urbanização das comunidades, mas sofrem constrangimentos locais fortíssimos para tratar do "mundo do crime". E muito menos costumam entrevistar protagonistas da violência.

Em 1994, Itamar Silva era o único negro nas visitas da comitiva do Viva Rio em Brasília. Em 2024, lideranças comunitárias, ativistas, pesquisadores de favelas, influenciadores e jovens negros estão em todo e qualquer fórum da sociedade civil que discuta cultura, urbanismo ou violência. São vozes potentes e audíveis. Muitos estão no Legislativo e alguns em cargos no Executivo. Essa talvez seja a mudança mais poderosa ocorrida nos anos desde a chacina de Vigário.

Trinta anos depois, não se trata de perguntar se o Rio piorou ou melhorou. Mas é necessário entender onde o Rio não mudou, e a repetição se processa como uma compulsão, ou como um retorno do recalcado, como diz Luiz Eduardo Soares. Precisamos reconhecer onde paralisamos e o que temos que fazer para sair do lugar. A resposta, em relação aos fenômenos da violência e da segurança, é: temos que abandonar o repertório racista dos anos 1990, aliás, dos anos 1950.

Notas

1 Pelo menos dois períodos precisam ser mencionados: o primeiro ano da gestão de Anthony Garotinho, de janeiro de 1999 a março de 2000, quando a segurança pública no estado foi coordenada pelo antropólogo Luiz Eduardo Soares. O segundo período foram os primeiros anos de implantação das UPPs, quando os autos de resistência caíram para 416 em 2013.

2 A Arguição de Descumprimento de Preceito Fundamental número 635, conhecida como ADPF das Favelas, é uma iniciativa popular, no Judiciário, para enfrentar a violência policial no Rio de Janeiro. O caso foi apresentado ao Supremo Tribunal Federal em novembro de 2019 pelo PSB (Partido Socialista Brasileiro). A petição questiona decretos que regulamentam a política de segurança e pede o reconhecimento das graves violações de direitos humanos cometidas pelas forças policiais nas favelas, além da implementação de medidas para reduzir a letalidade e garantir justiça às vítimas.

3 A Rede de Observatórios da Segurança monitorou 3.435 operações policiais no estado do Rio de Janeiro em 2022 e 4.259 operações em 2023. Disponível em: https://observatorioseguranca.com.br/

4 Veja o documento *A cor da violência policial: a bala não erra o alvo.* Rede de Observatório de Segurança Pública: http://observatorioseguranca.com.br/wp-content/uploads/2020/12/A-Cor-da-Viol%C3%AAncia-Policial-A-Bala-N%C3%A3o-Erra-o-Alvo.pdf.

5 Luiz Eduardo Soares descreveu em detalhes esses mecanismos, desde seu histórico livro *Meu casaco de general*, de 2000.

6 Ver Rede de Observatórios. *A vida resiste: além dos dados da violência.* 2021. Disponível em: http://observatorioseguranca.com.br/wp-content/uploads/2021/07/REDE-DE-OBS_2_A-VIDA-RESISTE-_ALEM-DOS-DADOS-DA-VIOLENCIA.pdf.

Silvia Ramos é cientista social, fundadora e coordenadora do Centro de Estudos de Segurança e Cidadania, CESeC, criado há 24 anos.

TAINÁ DE PAULA

REPARTIDA URBANA

É A PARTIR DO POETA EMICIDA QUE INICIO ESTE TEXTO. O trecho de "É tudo pra ontem", música autoral de Emicida, conclama que "viver é partir, voltar e repartir". É dessa forma que encaro este convite para revisitar o texto de *Cidade partida*, "repartindo" da formulação que ajudou a consolidar a minha geração de intelectuais (acadêmicos e orgânicos) urbanos, que tanto já me angustiou e em que encontro alento nesta etapa de século XXI para compreender e fazer explicar os impactos do capitalismo e as entranhas das displicências nos territórios dos mais pobres.

Muitas vezes parti da tese principal de que se deve romper com a lógica segregadora baseada na dicotomia centro-periferia. Zuenir, sem querer, naquele momento, aprofundou o divisionismo urbano e foi atravessado pela contracultura emergente de novas reflexões àquela época, que refletiam sobre o novo papel do centro. O novo urbanismo[1] e o urbanismo contemporâneo avançaram tanto na discussão das cidades policêntricas quanto na das cidades não nucleadas, estabelecidas a partir de outras lógicas, como "a cidade de 15 minutos"[2] e a promoção do uso misto (com serviços, comércio e empregos distribuídos no território junto às moradias).

Em uma determinada altura, ao passo que o texto ganhava idade, investir na tese da segregação, apesar de parecer "desinteressante" (de certa forma, os intelectuais urbanos estavam tomados por suas novas e promissoras ideias, que negavam a segregação urbana), fazia-se cada vez mais pertinente. Discutir sobre os ciclos do capitalismo e sobre o aumento dos extremos na cidade era essencial.

O processo de desindustrialização das cidades, a mudança do modo de produção e, portanto, o esvaziamento de núcleos industriais aceleravam o processo de empobrecimento urbano e distanciavam os territórios dos mais pobres da qualidade de vida observada na cidade ocupada por classes sociais com maior renda.

No século XXI, a cidade partida passa de tese "ultrapassada" a tese fundamental para se compreender os novos ciclos urbanos. A

Covid-19 resgata o texto de Zuenir com força, onde desigualdades social e econômica se tornam determinantes para qualquer análise, encontrando na precariedade da estrutura urbana o fundamento necessário para reflexões antigas e urgentes: a cidade dos mais pobres não assegurava o mínimo para a proteção contra o vírus e nem contra a pobreza.

Com muita força, o diálogo sobre espaços públicos e acessíveis, sobre arborização, permeabilidade, adaptação climática, densidade construtiva e requisitos ambientais, como captação de energia solar e águas pluviais, reúso da água e tratamento primário de resíduos, permeabilidade do solo etc., vão figurando em releituras da intervenção urbana em favelas.

A discussão sobre o trabalho da Assistência Técnica em Habitação de Interesse Social (Athis) é revisitada, entendendo-se o novo papel do arquiteto e urbanista e do planejador urbano na requalificação da favela e da periferia. Ao mesmo tempo que emergem a discussão sobre cidades compactas e a crítica à periferização dos anos 1980,[3] que promoveu a ampliação do perímetro urbano sem estar condicionada a uma estruturação urbanística adequada.

Ou seja, Zuenir se repagina, ganha o século XXI e se conecta a discussões da vanguarda, como a questão climática e a participação: se nos anos 1980 a discussão sobre a periferia se restringia aos intelectuais, agora a discussão invade a intelectualidade do território: líderes comunitários e outras estratégias de engajamento e governança. A ação das favelas no enfrentamento da Covid ganha repercussão internacional[4] e subverte a função da favela no contexto urbano: passa de sujeito da negligência das políticas a protagonista da ativação urbana.

Sob certos aspectos, apesar da revisita ao texto, feita a partir de análises que atualizam e reencontram o entendimento de segregação, ainda se faz pertinente somar debates que faltam à abordagem original. Revelar as múltiplas dimensões das desigualdades é o principal desafio.

A já citada justiça socioambiental se soma à segregação racial e de gênero, difusa na versão original. Raramente um bairro do Rio, mesmo que de classe média alta, não terá uma favela próxima, uma característica da própria urbanização da cidade e do processo de "enclausuramento" das pessoas mais pobres, principalmente negros, nas periferias. Com o tempo, foram retirados os negros do centro e levados para as favelas e as periferias urbanas. A esse processo, cunhei o termo diáspora urbana.[5]

E daqui para a frente? Qual o próximo passo, compreendendo-se que já amadurecemos o entendimento da cidade partida e da diáspora urbana? A cidade que sonhamos deve expressar a sociedade que queremos. Deve ser imperativamente democrática, segura, justa, equitativa, resiliente, radicalmente sustentável, plural e agradável de se viver.

A cidade que se defenderá nos próximos anos deve partir de um novo ponto, plural, inclusivo e aberto, uma arena que promova a diversidade cultural, religiosa, racial, de gênero e de orientação sexual, assim como ações afirmativas que combatam preconceitos. Enfrentar o desafio da cidade que não é estéril às diferenças e ampliar os limites da sua gestão, que deve ser participativa, descentralizada, multiescalar e de multiatores, integrando as políticas locais com políticas de outros níveis de governo e mecanismos de prestação de contas e planejamento. Instrumentos de gestão colaborativa entre poder público e sociedade civil organizada devem ser implementados.

Uma agenda verde e limpa com uma produção de um ciclo de industrialização que sirva de suporte para o desenvolvimento das novas cidades e das cidades reformuladas, que tem o grande desafio de não mais produzir cidades industriais ou cidades-dormitório, mas cidades alimentares e cidades pulmonares. As especificidades regionais, culturais e bioclimáticas que marcam o país devem ser reconhecidas, considerando o padrão de urbanização desigual e as especificidades de pequenos, médios e grandes municípios, e apontando para a revisão do pacto federativo.

Sim, encerro aqui afirmando que talvez Zuenir não tenha alcançado esse novo modelo urbano que deve ser construído em cima de um novo pacto civilizacional, contracolonial e libertário. A constatação da desigualdade urbana precisa nos levar a uma agenda de futuro urbano mais justo. Obrigada pelo ponto de partida, Zuenir! Que as gerações depois de você construam essa nova cidade.

Notas

1 Conceito em MACHADO, D. *Tipologias e projetos urbanos na cidade contemporânea*, 2009. p. 71.

2 Para saber mais sobre Carlos Moreno, organizador do conceito Cidade de 15 Minutos: https://amensagem.pt/2023/02/26/cidade-de-15-minutos-carlos-moreno-paris/

3 Ver mais sobre pobreza e espoliação urbana em Lúcio Kowarick disponível em https://novosestudos.com.br/sobre-a-construcao-de-um-instrumento-de-analise-a-espoliacao-urbana/#gsc.tab=0

4 Ver referência sobre a atuação em periferias no período pandêmico disponível em https://swissnex.org/brazil/news/post-epidemic-or-post-capitalism-reflexions-on-covid-19-from-rio-de-janeiro/

5 PAULA, Tainá de. *Diáspora urbana: as cidades reescritas. Arquitetas Negras*, São, Paulo, v. 1, p. 24-35, 2019.

Tainá de Paula

Vereadora do Rio de Janeiro (PT), arquiteta e urbanista, ativista das lutas urbanas, especialista em Patrimônio Cultural pela Fundação Oswaldo Cruz e mestre em Urbanismo pela Universidade Federal do Rio de Janeiro. Atuou em diversos projetos de urbanização e habitação popular, realizando assistência técnica para movimentos de luta pela moradia como União de Moradia Popular (UMP) e Movimento dos Trabalhadores sem Teto (MTST). É membro da Comissão de Gênero do CAU-RJ e atualmente é coordenadora regional do projeto Brasil Cidades.

VIVIANE COSTA

A CIDADE SANTA

– Jesus é o dono do lugar.

DA AVENIDA BRASIL SE VÊ A ESTRELA DE DAVI que anuncia um Rio do futuro e do passado. Com luzes azuis e solitário no topo da caixa d'água, o símbolo sagrado denuncia estarmos passando pela Cidade Santa do Rio de Janeiro. É o famoso Complexo de Israel, que circula estampado cotidianamente em noticiários policiais e nas chamadas sobre os riscos de um possível novo "talibã" por aqui. Midiático por força da contradição, o líder religioso costuma ser discreto e não curte estardalhaços ou confrontos.

Ao avistar o brilho da estrela, há quem pense se tratar de uma igreja evangélica "neopentecostal" e de seu amor por Israel. Lembro-me de passar na avenida acompanhada de um pastor paulista que acabara de chegar ao Rio. Seguíamos de volta para o centro da cidade depois de compartilharmos a mesa em conferência bíblica realizada por uma Igreja Batista na Baixada Fluminense em 2020. Ao avistar o símbolo sagrado, o pastor me perguntou se o que víamos ao longe era uma Assembleia de Deus, "dessas do retetê". Precisei negar e explicar que, vista de longe, a estrela parece solitária, mas não é! Não havia a possibilidade de levar o amigo para conhecer as ruas do Complexo, era noite e não tinha avisado a ninguém da comunidade que levaria visitante, como sempre faço por costume e segurança.

O símbolo revela o amor por um Israel conhecido através dos textos bíblicos e está por toda parte. Recebe a quem chega de trem na estação de Parada de Lucas, colore os muros do Complexo acompanhando passagens bíblicas sobre as vitórias do Deus guerreiro e declara o domínio dos territórios conquistados por Peixão, o pastor Álvaro Malaquias Santa Rosa. Mano Arão, como também é conhecido em referência ao irmão de Moisés[1], é líder da facção integralmente formada por traficantes que se declaram evangélicos ou que, ao menos, não se declarem de outra religião[2].

Peixão foi ordenado pastor em uma igreja evangélica pentecostal na cidade de Duque de Caxias, na Baixada Fluminense, e testemunha de uma fé moldada a partir da experiência desde a adolescência na Igreja, desde sempre na favela e desde jovem no mundo do crime.

Vascaíno, cria da favela, bom administrador, visionário, jovem estrategista, "ex-militar",[3] disciplinado, capricorniano, justo, evangélico e gente boa. O líder do Bonde de Jesus é apresentado por moradores do Complexo com respeito e admiração, seja honestamente ou por medo de represálias. Conhecido dentro e fora do morro por administrar o conjunto de favelas em nome do Deus evangélico, com mãos de ferro contra religiões de matriz africana e paternalismo assistencialista para os seus, seria Alvinho e seu território uma metonímia do Rio do presente?

Seria o Complexo de Israel a nova metonímia do Rio? Seria ainda o Rio o que pode ser a parte tomada pelo todo chamado Brasil? Se pensarmos sobre religião, o Rio é mais evangélico do que há três décadas, e o Brasil também. Voltaremos a falar sobre isso mais à frente.

> A Chacina de Vigário Geral produzira uma chaga muito funda na alma coletiva da cidade – e não se tinha mais dúvida de que os autores, policiais militares, constituíam um grupo de extermínio institucionalizado.[4]
> *CIDADE PARTIDA*

Vivemos agora as velhas e as novas dinâmicas das organizações criminosas. As contraditórias "estratégias de resistência" das forças de segurança do estado e a modernização da atuação das milícias para além dos grupos de extermínio movem o tabuleiro das constantes alternâncias de poder nos territórios que mantêm coagido e atento o morador que precisa desenvolver a habilidade de se adaptar à vida de cada novo domínio.[5]

O som da Chacina de Vigário e o "instinto de aniquilamento" ecoam ainda nas ruas do Rio. Relembrando o que fora dito pelo secretário de Polícia Civil Nilo Batista, à época, "a cultura de extermínio está viva nos porões da polícia e sai como uma fera à noite para matar".[6] Nos últimos 15 anos, as 27 operações que resultaram em um número altíssimo de letalidade denunciam que as feras seguem à solta e à luz do dia, e a violência policial continua cobrando muito caro.[7]

O ranking da violência carioca foi atualizado. Assistimos pela TV à Favela do Jacarezinho viver o seu dia de guerra e terror em 6 de maio de 2021 e assumir o triste protagonismo da maior chacina da História do Rio de Janeiro,[8] ou da megachacina do Jacarezinho, como classificada anos depois pelos pesquisadores do Grupo de Estudos dos Novos Ilegalismos da UFF (Geni/UFF).

Ouvimos no rádio que a operação desproporcional e criminosa teria sido motivada pela morte de um policial no confronto. A força policial fora justificada para seguir realizando seu próprio juízo, seu próprio domínio.

Ora blindada, ora encapuzada. De máscaras camufladas ou de personagens em quadrinhos, essas forças disputam e alternam territórios com a maior facção criminosa do estado, o Comando Vermelho, revelando um Rio fragmentado e entregue às forças de poder que nos ameaçam e exploram enquanto ninguém nos mantém em segurança. Essa mesma "polícia organizada" em disputa com o crime que deveria combater luta para derrubar a lei que garante o uso de câmeras em operações policiais. Qual seria o interesse de resistir ao monitoramento comprovadamente eficiente no combate à violência institucional e na proteção dos próprios agentes de segurança? E essa polícia organizada, que não é toda a polícia, mas está na polícia, realiza operações duvidosas que mais parecem jogadas de mestre financiadas no tabuleiro para definir quem avança e quem recua no mapa do crime carioca.[9]

> Caio fez questão de nos mostrar o painel que seu grupo pintara no muro alto que fica no "Vietnã", o paralelo que separa dois territórios até há pouco inimigos. É a rua que leva à Parada de Lucas (...). O resultado das batalhas está naquele muro[10].
>
> *CIDADE PARTIDA*

Nesse jogo de tabuleiro das últimas décadas, a milícia cresceu, o Comando cresceu, o Terceiro se reorganizou e, na dança das cadeiras, Vigário é agora cidade sagrada,[11] e o Vietnã não está mais na fronteira. Também não sei se ouvi dizer que ele saiu de lá.

As vizinhas Vigário Geral e Parada de Lucas são agora irmãs no mapa que as une a Pica-Pau, Cinco Bocas e à prometida Cidade Alta, na formação original do Complexo de Israel. Peixão, que administra o complexo com o Bonde dos Taca Bala, assume Lucas como quem atende a um chamado para "libertar os moradores de seu antecessor que tava vacilando"[12] e segue na missão de libertar suas vizinhas da opressão do inimigo Vermelho, travando, em nome do Deus de Israel, uma luta do bem contra o mal.

No contexto do diálogo com Ventura, resolvi voltar a Lucas no mês de maio deste ano para conversar com dois amigos, também crias da favela. Chamarei de João e Roberta os jovens amigos que nasceram e cresceram na comunidade desde sempre dominada pelo Terceiro Comando. Eles aceitaram me encontrar para um café e uma conversa. Marquei com os dois para o mesmo dia; facilitaria já que agora moro mais distante e vou menos à comunidade.

Chego no fim da tarde e aguardo João correr atrasado, vindo do trabalho. Marcamos o café sabendo do pouco tempo que teríamos para a conversa. "A paz do Senhor, Vivi", fala alto enquanto se aproxima. Conheço João há uns anos e nos encontramos muitas vezes em cultos, seminários e aulas de teologia, ele como seminarista e aluno, eu como professora e pastora. Articulado, inteligente, João sempre traz análises sobre as dinâmicas da favela acompanhadas de boas reflexões teológicas como quem está pronto para uma pregação de última hora. Pergunto se ele já foi ordenado pastor: "Não, ainda não. Ainda sirvo a Deus como diácono. Eu não sei. Acho que é por conta da idade lá também. Que eu sou o diácono mais... O diácono, não, né? O obreiro mais novo, né? Se tratando dos homens".

Ele se refere à prática das Assembleias de Deus mais clássicas de obedecerem a uma "escadinha" para ordenação ministerial: de diácono para presbítero; depois, evangelista; e, só então, pastor. "É, deve ser. É, e acaba que é uma igreja que tem uns... Tem, não, é um ministério grande. Tem um ministério grande em relação à quantidade de presbíteros e de evangelistas. Então, eles acabam... Acabam esperando um tempo, né? Eu acho".

Tento entender o porquê de João não congregar em uma igreja pequena da comunidade, desejo comum para jovens pregadores desenvolverem o ministério com mais liberdade. "Eu até já tentei viver, mas, devido a toda a situação, ainda mais se tratando de uma igreja de comunidade daqui da favela, é mais complicado, sabe? Eu moro em Lucas e congrego na Praça 2, em Vigário Geral. Então, assim, eu evito muito a igreja de favela, porque... Fora da favela, já tem conversa fiada, já tem fofoca. Imagina numa igreja dentro da comunidade."

Então, pergunto, congregar em uma igreja de outra favela tem menos fofoca do que na favela em que você mora? "Sim, acredito, muito mais. Porque acaba que fora da favela ninguém, entre aspas, ninguém conhece ninguém." João lembra acelerado dos muitos casos, até que fala em tom de lamento sobre um amigo, "um jovem de Deus" que engravidou a namorada e se tornou a grande decepção do pastor e da comunidade religiosa. "O pastor chorou. Ficou tristão, né? Ele falou, poxa, cara, infelizmente a gente até espera. Ele falou, eu, como pastor, sendo frio a ponto de dizer que eu tenho que esperar isso, mas não esperava isso de você."

Ele sai em defesa do amigo dizendo que "não foi adultério nem estupro, não tinha necessidade de disciplinar o jovem", ainda mais sendo conhecido como pregador na favela e "prometido a ministério pastoral".

"Ontem teve operação, tu deve ter visto na TV... foi noticiado, só não foi noticiado que teve duas pessoas mortas, entendeu?", diz como quem muda apressado de assunto. "Muita informação de que há um possível interesse do Comando Vermelho na comunidade. Quando tem outra facção interessada, começa... Isso porque aí você precisa inibir, né?"

Lembro a conhecida estratégia do líder Peixão de não trocar tiros, evitando grandes repercussões, e pergunto o que teria mudado. E João afirma o que todo morador de favela parece saber: "É caro você manter uma paz com o Estado. É difícil você manter o financeiro e a paz. Tem que sustentar o arrego da semana e, às vezes, não funciona. Os caras começam a cobrar mais caro pra poder manter... e aí, quando você também tem o outro lado, também tem interesse na sua comunidade, o outro lado também tá pagando mais alto também".

Apressado e tenso, João segue narrando a relação do Estado com a milícia e o crescimento desses grupos na Zona Oeste, apesar das constantes disputas com o Comando Vermelho. Sobre a expectativa de Lucas em relação ao possível avanço do Comando na comunidade com apoio financiado da polícia, João declara:

"A gente parece que está vivendo a *Casa de papel*, né? Que a gente acaba torcendo para o professor em vez da polícia. É muito louco. Provavelmente, em Vigário, em Cidade Alta, o pessoal agradece muito. Na Cidade Alta, tem muita gente que agradece. Apesar da expulsão e tal, da intolerância religiosa e tal. Beleza, mas tem muita gente que agradece ao Peixão. Se pudesse agradecer a ele, agradeceria. Por conta da limpeza da favela, da tranquilidade, da volta do comércio. Por ter livrado do Comando. E, tipo, trouxe circulação, trouxe de uma certa forma, na visão das pessoas, uma certa dignidade, né? Porque, tipo, ele não gosta de sujeira. É raro você chegar aqui um período e a favela tá suja."

João fala de Alvinho, apelido do amigo de adolescência, com respeito e admiração. A distância pelas vidas diferentes que seguiram não diminui o valor com que é visto o administrador do movimento considerado visionário, estrategista e justo: "Na minha visão, em relação ao Terceiro, ele é alguém que revoluciona o tráfico aqui. Entendeu? Ele revoluciona. Ele traz uma nova identidade em relação ao tráfico, a forma de ver. Porque é um cara que, tipo assim, é um cara que é ex-militar. Diferente de muitos... Ele serviu o Exército, no caso. É... Então, assim, é um cara que de fato preza hierarquia, preza disciplina, entendeu? Tanto dele para com o bandido, do cara que trabalha pra ele, tanto do cara que trabalha pra ele para com ele, e ele em relação à favela. E a favela em relação a ele. A favela tem muito respeito em falar dele".

Enquanto ainda fala, o telefone toca, e João precisa se despedir sem tempo para se explicar. "Continuamos por telefone, Vivi. Preciso ir. A paz."

Vigário agradece, diz João. Talvez Vigário agradeça. Talvez não. A derrubada da Faixa de Gaza há aproximadamente duas décadas costuma ser comemorada com fogos, como se faz em aniversários de conquistas dos territórios. As meias-irmãs rivais foram então reconciliadas à força e muito tiro, após invasão e tomada coordenada do Terceiro.

"Cara, vou te falar que, tipo assim, por exemplo, a galera da minha idade ainda fica, ainda tem um negócio assim, que não costuma muito comentar, mas, quando a gente tá muito assim, com muita gente, o pessoal ainda tem um negócio, assim, de falar que Vigário tem um clima pesado. Ah... que a galera fala que não gosta muito de ir pra lá. Então, ainda rola, assim, um estigma, assim."

Roberta, jovem de 34 anos e cria de Lucas, me esperava em casa, e eu também não ficaria ali por muito tempo. O clima na favela estava pesado, a operação no dia anterior está nas rodas de conversas, e a tensão sobrevoa, literalmente, a comunidade. Fiz contato perguntando se poderia ir me adiantando e nos encontramos em poucos minutos. Não nos víamos há um tempo, mas as coisas não mudaram muito por aqui. Roberta segue trabalhando com festas, vivendo a vida dentro e fora da favela, e pronta para afirmar antes mesmo de ser perguntada: "Eu nasci aqui, fui embora e voltei algumas vezes com meu pai, que era fuzileiro, tinha esse lance de a gente se mudar pra outros estados e depois voltar pra Lucas".

Por que Lucas?, pergunto na intenção de saber o que tem nessa comunidade que atrai e fideliza gente de todo canto. Roberta afirma que o fator decisivo foi a rede de apoio que a mãe havia encontrado e que o desejo era voltar para perto das amigas e do suporte que recebia estando longe da família. "Quando a gente voltou, a gente morou ali naquela parte da zona sul, de um lado tem a Cidade Alta e do outro tem Parada de Lucas. A casa da minha mãe é ali... era uma parte que não tinha tráfico, mas isso tem mais de 20 anos."

"Todo mundo conhecia ele, andava lá dentro falando com todo mundo", diz orgulhosa do pai! A jovem favelada se emociona com a lembrança da adolescência "solta até tarde com a galera da rua", a roda no portão de casa, o violão com os amigos que desciam das comunidades e o gosto comum pelo rock... "A gente passava a noite ali, na frente do meu portão mesmo, e era esse o rolê." Roberta fala de sua mãe, que se converteu em um culto na comunidade e desde então é evangélica: "eu sou evangélica também, só não sou praticante".

Roberta compartilha nas redes sociais as idas aos cultos que frequenta em uma igreja pentecostal no Complexo, as orações de que participa e a fumaça da erva prensada, a única possível, já que a de boa qualidade custa sete vezes mais para uma tragada. "R$ 5 pra R$ 35, por exemplo. É muita diferença pra dar um fininho. É muito diferente fumar uma vez ainda, é uma parada que só dá pra fumar uma vez. Não é que tu vai guardar e fumar mais um pouco, é só uma vez que dá R$ 35 num cigarro... ainda mais quem fuma todo dia, fica caro pra caramba."

Enquanto pega um copo d'água e busca o telefone na cozinha, ouvimos um louvor ao fundo que foi cantarolado baixinho por ela, que tem uma voz forte e um rosto de menina. Pergunto a Roberta se o líder Peixão já era evangélico quando assumiu o poder. "É, então, é porque eu acho que é de família, né? Família evangélica. Desde que ele era criança, a família dele já, tipo, na caminhada da igreja, né? Então é uma parada que acho que ninguém lembra mesmo."

É comum ouvir em Lucas e na Alta que ele foi chamado de volta para o movimento para salvar a comunidade de uma má administração, de um vacilão, entre as trocas e disputas que se sucederam à morte de Falcão. "Eu acho que é verdade, sim", diz Roberta com convicção. "Porque era o cara que já era da família, já era de um cara que já foi dono, e acho que o pessoal viu uma certa semelhança. Ele já era muito querido, o pessoal achou que poderia continuar... continuar, não, voltar."

A fama de que "Peixão e sua tropa tomaram a Alta sem dar um tiro" aparece com tom de ironia. "Teve, sim. Teve muita troca de tiro. Muita, muita, muita, muita, muita. Não foi pouca, não. O pessoal gosta de dizer que a gente é da paz. Que o cara é bom e tal. Tem um grande número de pessoas que gosta dele, acho que a galera sempre vai amenizando a coisa pra história ficar mais bonita."

As imagens e os sons da invasão que ocuparam os telejornais e os vídeos gravados por populares e compartilhados nas redes sociais seguem disponíveis e sendo reproduzidos, sem inibir a perpetuação da narrativa construída para fortalecer o que teria sido o cumprimento de uma missão de Deus revelada ao líder. Peixão avisa de que forma se daria a conquista da Cidade Alta, segundo o que recebeu de Deus em revelação.

> O mais determinado a lutar por esse bagulho aí, abaixo de Deus, é eu

mermo, mano, esse projeto não é do meu parceiro, esse projeto não é mais dos 20 cria que tá aqui do meu lado, não, esse projeto é meu, pow, é meu com Deus, entendeu, irmão? Tá ligado? (..) Não vai ficar tendo tiro, não vai ficar tendo nada, não. (..) Se arma! Porque com arma ou sem arma o confronto vai existir, tá ligado?

Em novembro de 2016, "a promessa" se cumpriu. Sem tiro ou com muito, muito tiro, Álvaro Malaquias Santa Rosa libertou a Cidade Alta da opressão do Comando Vermelho e conquistou a terra prometida. Começa a surgir o que seria o Complexo de Israel do Rio: a Alta se junta a Lucas e Vigário, até que venham Pica-Pau e Cinco Bocas, formando o lugar sagrado e protegido pelo líder libertador que hasteou no cume da terra a estrela de Davi e pelas ruas espalhou a bandeira de Israel. O Senhor dos Exércitos, e nenhum outro, era agora o Deus deles, declara em testemunho orgulhoso pouco tempo depois da conquista.[13]

A nossa política é recuperar e instruir a fazer o que é certo, ou você acha que ficar vendendo crack é uma parada maneira? Ou você acha que ficar por aí, roubando aí velhinha, bolsa de pão das velhinhas no meio da rua igual os cara fica é uma parada maneira? Tendeu? A gente não fecha com o Comando Vermelho nem por nada nesse mundo, mano, tá ligado? Então, o menor aqui não tá aqui pra ser usado nem morto pela gente, não, menor tá aqui pra ser instruído, entendeu? Pra ser ensinado uma nova doutrina, ir lá onde que ele é cria e fazer a diferença, tá ligado? Fazer a diferença, o que aqueles cara não tava fazendo. Tu conhece a Cidade Alta? Tá ligado na história da Cidade Alta? (...) E outro detalhe, se tu quiser um dia vir aqui conhecer a gente, visitar ele aqui, só ver como que tá, ou deixar de ver, pode vim, vai ser bem recebido, entendeu? Vem aqui pra tu ver como que tá a Cidade Alta, que, a partir de agora e para sempre, a Cidade Alta, Terceiro Comando Puro, Bonde dos Taca Bala, agora é do exército do Deus vivo, entendeu? Lá de Israel!

"Tem um pastor lá que ele segue, ele gosta de usar roupas coloridas... esse cara aí que dizem que... faz revelações para ele, fala as coisas pra ele, e ele segue, né?, também", diz Roberta, escorregando sobre opinar se a tomada da Alta fora uma revelação entregue pelo pastor pentecostal a Peixão ou diretamente a ele, pelo próprio

Deus. A espiritualidade do Mano não parece ser uma questão para a jovem evangélica não praticante. "Essa coisa já foi bem mais forte aqui, não vejo muito se falar disso... e também dos cultos organizados por eles pra geral." Os exemplos das práticas religiosas que vêm sendo descontinuadas na administração de Peixão vão desde a famosa e quase obsoleta Oração de Traficante[14] à ausência dos versos bíblicos em embalagens de ervas prensadas e plastificadas com a marca do Terceiro Comando Puro. Contudo, as direções divinas recebidas pelo pastor de Vigário parecem continuar definindo estratégias na gestão do fiel.

"Que nem agora, recentemente, ele tirou, mandou tirar as plantas das ruas, assim, dos becos das ruas e tal. Isso saiu na televisão até. Uns dizem que era por causa da igreja, porque alguém revelou alguma coisa que estavam fazendo, algum trabalho pra ele com planta e tal. E outras pessoas dizem que era mesmo pra limpar o campo de visão."

Roberta defende que ambas as motivações que circulam na comunidade seriam coerentes com a ordem dada aos moradores para a retirada das plantas das frentes das casas, dos becos e dos entulhos acumulados. Caminhões foram contratados para finalizar a retirada das plantas e dos entulhos das áreas em que os moradores não haviam cumprido a decisão. Entendo agora o estranhamento que tive quando entrei na comunidade, não vi a notícia na TV e questiono frustrada e retoricamente o porquê de ele mandar tirar todas as plantas da favela. "O cara tirou todos os terreiros, né?", responde Roberta. Você diria que ele usa motivações religiosas para justificar algumas decisões mais violentas ou mais autoritárias, como essa? "Ele já foi, tipo assim, um adolescente normal. Uma pessoa comum, normal. Nunca foi, tipo, muito ortodoxo, né? Não era daqueles crentes tipo quadradão... acho que agora que... agora que tá mais. O crente agora foi ficando, até porque ele agora é mais um homem adulto, né? Então acho que vai criando a própria percepção da religião a partir dele mesmo, né?"

> Os morros e a periferia vinham sendo tomados pelos evangélicos, através de um processo vertiginoso que os estavam transformando na única organização capaz de se contrapor com eficácia à ação do crime

organizado, se realmente se dispusessem a isso. Mais do que a polícia, do que a Justiça, do que a Igreja Católica, do que a família, do que a escola, os "neorreligiosos" eram a contracultura da droga. (...) Esse avanço era realizado não tanto pelos "históricos" presbiterianos, metodistas, batistas, luteranos – mas pelos "neopentecostalistas", cujas igrejas, Assembleia de Deus, Igreja Universal do Reino de Deus, entre outras, apresentavam um crescimento extraordinário.

CIDADE PARTIDA

Há 30 anos, a invasão "neopentecostalista" nas favelas do Rio parecia ser a única via possível de combate ao crime organizado e de reestruturação da vida em comunidade. A mensagem pentecostal clássica de salvação e libertação encontra vidas cansadas e sobrecarregadas das injustiças e das lutas diárias de quem vive a vida das periferias. A esperança de uma vida melhor, seja aqui ou no porvir; a ressignificação da identidade, da dignidade, da vida em comunidade; a restauração das relações, da família; a nova vida crente pós-ruptura com "as coisas desse mundo"; os muitos testemunhos de ex-traficante, ex-viciado, ex-matador, constatados nos amigos que passam com a Bíblia embaixo do braço convidando para o culto da noite; os rostos e as histórias conhecidos reforçam que estamos diante de algo novo e com poder transformador.

O crescimento barulhento e acelerado do movimento pentecostal[15] abafou e modificou o contexto historicamente afrocatólico das periferias mais rápido do que se pôde perceber. A estética, a música, as cores, a ética, as línguas. As ruas grafitadas, as guias penduradas, os corpos fechados. Até as famosas procissões que vão desaparecendo enquanto resistem. O samba também resiste, mas o louvor é agora a trilha sonora da favela. O funk se organizou e cresceu, mas tem baile que só começa depois do louvor e da oração do pastor. Teve terreiro que não resistiu, foi expulso à força e fogo, e "em nome de Jesus". O fiel permaneceu, ali mesmo ou em um novo lugar.

Sobre o crescimento inesperado dos evangélicos pentecostais, é importante considerar, ainda que sem abandonar as expectativas, que o encontro dos evangélicos com a favela é também o encontro da favela com os evangélicos. Que o modo de ser pentecostal que ferve nas periferias nas últimas décadas se estabeleceu enquanto também se modificou no encontro com o modo de vida favelado.

Sustentar a fé na permanência inflexível da identidade contracultural pentecostal desconsidera seu histórico dinamismo adaptativo e o poder da religiosidade cultural que se transforma e é transformada no cotidiano, no corpo, na relação.[16] A fé que encontra a favela e a transforma também é encontrada pela favela, que a ressignifica. O sagrado e o profano se misturam; às vezes, se invertem. É o movimento pentecostal em movimento. É a religiosidade do povo construindo sentido para seu tempo e encontrando Deus a partir de seu modo de vida. É o jovem Álvaro Malaquias "criando a própria percepção da religião a partir dele mesmo", enquanto tantos outros pastores se servem de um Deus que agrade a seus paladares, que faça bem a seus estômagos.[17] Somente um Deus pensado fora da vida humana, que não se misturasse com ela, poderia mudar a favela sem ser mudado por ela.

A igreja evangélica transformou a favela, mas não a salvou. Nem a polícia nem a Justiça nem a família nem a escola nem a Igreja Católica nem os novos pentecostais foram capazes de combater o crime organizado nas favelas cariocas. Há inúmeras igrejas resistindo, levando a mensagem de salvação e libertação, confrontando o crime sem abandonar o criminoso, mas os testemunhos caíram. Há inúmeras organizações resistindo; educadores, cuidadores, agentes de segurança, do terceiro setor, religiosos, lutando nas favelas e quase sempre distantes do "circuito econômico que os sustenta".[18] Enquanto isso, o crime segue mais forte, mais organizado e mais parecido com o estado do que em qualquer outro momento de nossa curta história.

A cidade reaprendeu a viver.

Notas

1 Bíblia, Êxodo 2:3-10, Nova Versão Internacional.

2 Entrevista com Roberta, 20 de maio de 2024. A afirmação de Roberta é reforçada na entrevista com João, que declarou a surpresa de moradores com o caso "de um jovem do movimento que desapareceu após descobrirem sua participação em um culto afro realizado fora da comunidade, em comemoração ao Dia de São Jorge".

3 Entrevista com João, 20 de maio de 2024.

4 VENTURA, Zuenir. *Cidade partida.* São Paulo: Companhia das Letras, 1994.

5 Ver pesquisas disponibilizadas em https://geni.uff.br/ e Fogo Cruzado

6 VENTURA, Zuenir. *Cidade partida.* São Paulo: Companhia das Letras, 1994.

7 VENTURA, Zuenir. *Cidade partida.* São Paulo: Companhia das Letras, 1994.

8 https://geni.uff.br/2022/05/06/chacinas-policiais/.

9 https://www.instagram.com/p/C53KAZwJC5f/?igsh=MXB3MGh1ejNuZTg0ZQ%3D%3D

10 VENTURA, Zuenir. *Cidade partida.*

11 https://geni.uff.br/2022/09/13/mapa-historico-dos-grupos-armados-no-rio-de-janeiro.

12 Entrevista com João, 20 de maio de 2024.

13 Álvaro Malaquias após conquista da Cidade Alta, disponível em: https://youtu.be/tKvU6I2PBN4. Acesso em 30 jun. 2024.

14 VITAL DA CUNHA, Christina. *Oração de traficante.*

15 "Novo Nascimento", citada por Ventura, disponível em: https://iser.org.br/

16 COSTA, Viviane. *Traficantes evangélicos.*

17 ALVES, Rubem. *O enigma da religião.*

18 VENTURA, Zuenir. *Cidade partida.* São Paulo: Companhia das Letras, 1994.

Viviane Costa é teóloga e pastora pentecostal e autora de *Traficantes Evangélicos.* Cientista da religião pesquisando violências e religiosidades em periferias cariocas. Psicoterapeuta idealizadora e coordenadora do iRuah – coletivo de acolhimento e acompanhamento para meninas e mulheres vítimas de violências.

ENTREVISTAS

O PROJETO CIDADE PARTIDA – 30 ANOS DEPOIS COMPREENDE ESTE LIVRO, UM SEMINÁRIO NA CASA FIRJAN, EM AGOSTO DE 2024, E UM DOCUMENTÁRIO, AINDA EM FASE DE PESQUISA.

AS ENTREVISTAS COM O SOCIÓLOGO CAIO FERRAZ, O DIRETOR JOSÉ JUNIOR, FUNDADOR DO AFROREGGAE, O ARQUITETO MANOEL RIBEIRO E O ANTROPÓLOGO RUBEM CÉSAR FERNANDES MAIS A CONVERSA QUE REUNIU O DJ MARLBORO, A ARTISTA JUJU RUDE E O PRODUTOR ANDERSON SÁ FORAM REALIZADAS NA PRODUTORA TV ZERO, EM BOTAFOGO, NO RIO DE JANEIRO.

APRESENTAMOS, A PARTIR DAQUI, OS MELHORES MOMENTOS DAS GRAVAÇÕES, QUE ACONTECERAM EM MAIO E JUNHO DE 2024, CONDUZIDAS PELA PRODUTORA CULTURAL ELISA VENTURA, PELOS JORNALISTAS E ESCRITORES MAURO VENTURA E ISABELLA ROSADO NUNES, PELOS DIRETORES DE CINEMA LUCIANO VIDIGAL E ROBERTO BERLINER E PELA CIENTISTA SOCIAL SILVIA RAMOS.

MOMENTOS DE REENCONTROS COM AS MEMÓRIAS DE PERSONAGENS REAIS RETRATADOS POR ZUENIR VENTURA NO LIVRO *CIDADE PARTIDA* QUE, AO LONGO DOS ÚLTIMOS 30 ANOS, CRIARAM MOVIMENTOS E ORGANIZAÇÕES SOCIAIS E CULTURAIS COM FORTE ATUAÇÃO NA SOCIEDADE, ALÉM DE APRESENTAREM PERMANENTEMENTE IDEIAS E PERSPECTIVAS PARA A CIDADE CARIOCA.

CAIO FERRAZ

"O PRIMEIRO CONHECIDO A APARECER FOI CAIO FERRAZ, líder do Mocovige, Movimento Comunitário de Vigário Geral. Vinha sujo de tinta, sem camisa e com os ombros queimados de sol. Passara o dia com as crianças preparando a festa da noite, o Vigário in Concert Geral, uma manifestação que pretendia levantar o astral da comunidade ainda traumatizada", relata Zuenir Ventura no capítulo 1 da Parte II, "O Tempo dos Bárbaros".

Caio seria, a partir dali, o companheiro permanente de Zuenir durante os dez meses em que visitou a favela, apresentando-o aos moradores e às moradoras que, em sua opinião, deveriam ser escutados pelo "mestre", como se refere ao jornalista até hoje.

Caio conseguiu realizar um sonho na época: criar a Casa da Paz, em Vigário Geral. Zuenir dizia que, com sua atuação na comunidade, ele se transformaria em um empresário social. Mas, logo depois, teve que sair às pressas do Brasil devido a ameaças sofridas por ele e por sua família. De certa forma, Zuenir acertou sobre o futuro de Caio. Há mais de 20 anos vive nos Estados Unidos, onde é construtor, como seu pai, empregando dezenas de migrantes latino-americanos, tendo inventado uma forma bem interessante e lucrativa ao reutilizar materiais reciclados de obras de mansões.

De Boston, onde mora, ele nos deu esta entrevista online.

MAURO Você pensa em voltar a morar no Rio de Janeiro?

CAIO Eu estou sempre voltando, estou sempre no Rio.

MAURO Com que periodicidade você vem ao Rio?

CAIO Eu vou três, quatro vezes ao ano.

MAURO E você fica onde?

CAIO Entre Copacabana e Ipanema. Hoje tem essa facilidade do Airbnb, então, eu fico nessa circulação.

MAURO Você tem ido a Vigário Geral?

CAIO Sempre, sempre. Religiosamente, eu vou ao Complexo de Israel, agora não é mais Vigário. Até porque, primeiro, eu tenho família, irmãos, lá. Não na favela, mas no bairro. E tenho amigos de infância. É meio que protocolar eu ir a Vigário Geral. É legal que eles falam "pô, você não esqueceu a origem, tudo o que aconteceu aqui tem a ver com você". Já aconteceram umas cenas engraçadas. Uma vez eu entrei com dois celulares na mão, com cordão de ouro e tal. Eu entro, é lógico, em qualquer favela. Graças a Deus, eu sempre tive esse trânsito. Aí o cara, armado, bandido, perguntou para onde eu estava indo; e acabamos por nos reconhecer, porque era um amigo de infância.

MAURO Mas esse pessoal que está lá no comando do tráfico, hoje, o Peixão, tem relação com seus amigos de infância, com quem você cresceu, ou é gente de fora?

CAIO Nada, nada.

MAURO Porque a diferença é que o Flávio Negão e esse pessoal que estavam na época eram todos crias do morro, respeitavam a comunidade e te conheciam. Agora é uma outra turma, não é?

CAIO É, mas a linguagem é a mesma. Quando você é malandro, é malandro. A diferença entre o malandro e o bandido, como eu até disse uma vez em entrevista ao Jô Soares, é que o malandro senta à mesa do bar de costas. Ele entra e sai de qualquer convento, igreja, cemitério, Palácio do Planalto; ele entra em qualquer lugar e sai. O bandido, não. Quer dizer eu sou malandro, um *bon vivant*. O cara que sabe entrar e sair. Sabe conversar com o jornalista e sabe conversar com a polícia. Sabe lidar com o empresário e sabe lidar com o cara da Caixa Econômica, entendeu? E a diferença é essa, o bandido tem um olho no peixe e outro na frigideira. Um na missa e outro no padre. Não tem muita oportunidade. Primeiro, porque ele está circunscrito a um período histórico dele. Os "Flávios Negões" da vida, o Bandido da Luz Vermelha, o Escadinha, o Elias Maluco, quem quer que seja, eles são periódicos, eles são sazonais. A morte, para eles, é iminente. Eles têm cinco, dez anos de poder, nada mais. Qual é o bandido que você conhece que ficou 20, 30 anos no poder? Tá trancafiado. Os grandes bandidos do Brasil estão trancafiados ou mortos ou presos. Então, eu sempre falo isso com eles. Malandro sou eu, que vou estar aqui com Zuenir Ventura e saio. Essa é a diferença.

ISABELLA Trinta anos depois, como é que você olha para tudo o que aconteceu e que Zuenir conta no livro *Cidade partida*?

CAIO Interessante que, em um dos primeiros encontros que eu tive com Zuenir Ventura, eu estava com tinta no corpo, estava mexendo com pintura. E, ali, havia um cenário de um capítulo do Rio de Janeiro, em que a cidade estava se pintando, se manchando de sangue. Você pega as polícias, as chacinas do Brasil na época e, se você soma todas elas, dá exatamente o número da polícia: 190, considerando Carandiru, Corumbiara, Vigário Geral, Acari, Candelária e outras. Se somar, dá exatamente o número da polícia, é até cabalístico. O cenário que se pintava no Rio de Janeiro era, na época, um cenário de tragédia absurda. Tanto é que se cria o movimento Viva Rio.

Essa pintura trágica da cidade, esse retrato sujo, mal falado, malvisto, sempre existiu na cidade. Mas a cidade não olhava pra ela. Quer dizer, foi preciso um pouco dessa literatura; e é óbvio que o Zuenir Ventura não foi o único, porque a Alba Zaluar olhou um pouco para isso também. Só que o Zuenir Ventura deu uma pincelada em um capítulo especial do Rio de Janeiro. Ele conseguiu, primeiro, não se entusiasmar só com o Viva Rio, que seria uma coisa só de empresários, dos bacanas, das pessoas que falavam a linguagem dele, do olhar dele. Zuenir convivia com as pessoas intelectualizadas de Ipanema, do Leblon, era vizinho do (Luis Fernando) Verissimo. Quer dizer, toda a turma dele, do naipe dele, era diferente de uma comunidade de Vigário Geral, Santa Marta, Rocinha, por exemplo. Mesmo vivendo em Ipanema, próximo de várias favelas, como Pavão, Pavãozinho e Cantagalo, muitas vezes elas não são enxergadas. Porque a cidade oculta, os seus personagens, os personagens da periferia, só aparecem no Carnaval, e como rei, rainha, mestre-sala, porta-bandeira, mas somente naquele período do Carnaval, como se fosse um corte. E, ainda, ciceroneados pelo jogo do bicho, que consegue fazer essa malandragem, juntar tudo isso.

Eu vivia essa tragédia. Vivia essa tragédia cercado de livros, eu pintava, bordava e criava um cenário, porque eu tinha a veia poética. Eu tinha a veia aberta da América Latina. Eu tinha esse personagem comigo. Eu tinha lido *Cem anos de solidão* e tinha ficado impactado. Eu não queria ler só a Bíblia, não queria falar no nome de um Deus que não existia para mim. Eu queria entender onde eu estava. Quem foi Erasmo de Roterdã, quem fala do *Elogio da loucura*, quem é Calvino, quem é Lutero. Eu queria entender esse caos espiritual que eu vivia. E era uma resposta que eu buscava para mim mesmo. Eu não tinha certeza de nada, eu tinha era muita dúvida, dor e sofrimento. Porque eu perdi um irmão, em 1989, assassinado pela polícia. Levou um tiro de 12 no rosto, que ficou totalmente desfigurado. Imagina você ver uma pessoa sem o rosto. Então, tive que dar uma resposta para a minha mãe, que era uma operária trabalhando no Aeroporto Santos Dumont, como cozinheira, faxineira, uma pessoa de bem, de Minas Gerais, como meu pai, pedreiro, que foi ser mestre de obras. Minha vida todinha foi sempre estudar. Eu sempre fui um devoto do livro, minha grande paixão foi e é o livro, a leitura, a literatura. Foi com ela que eu aprendi a brincar nesse universo poético, que eu consegui entender minha sexualidade, viajar em mundos que eu jamais poderia. Vivi em Vigário Geral. Hoje, eu vou ao Japão, vou a Cuba. Hoje eu tenho uma condição financeira que me permite isso. Mas, na época, eu ficava viajando na maionese dos outros.

MAURO Como é que você descobre a literatura? Como se chamam seus pais?

CAIO Meu pai é José Pires Ferraz, o famoso Zé Baixinho, e minha mãe era Adalgisa Maria Ferraz, Dona Dalila. Zé Baixinho e Dona Dalila tinham um comércio em Vigário Geral. Chegaram ao Rio de Janeiro no mês do suicídio do Getúlio Vargas, em agosto de 1954. Getúlio Vargas era conhecido como o pai dos pobres; meus pais viveram aquilo com três, quatro filhos, vindos de Minas Gerais. Os outros oito nasceram no Rio de Janeiro, em Vigário Geral, que, na época, era um descampado, era um pântano e tinha muita obra. Se você pegar a geopolítica histórica de Vigário Geral, vai ver que não era um bairro pobre, tinha 200 indústrias. Era um bairro que gerava riqueza, mas que foi esquecido pelos investidores. A favela é uma favela plana e fica ao lado do bairro.

ISABELLA Caio, ainda sobre o que o Mauro perguntou sobre sua aproximação com a literatura, teve alguma relação com o assassinato do seu irmão?

CAIO Não, tem a ver com o meu avô. Meu avô também era mestre de obras, era uma figura bem parecida com o Cartola. Ele só andava de branco, com um chapéu de palha branco; ele era boêmio, muito ligado à literatura, violeiro. Minha família era de Folia de Reis, todos contavam histórias, causos. Os mineiros são muito bons cronistas. Não é à toa que o Zuenir Ventura é um deles. Quando eu tinha 4, 5 anos, aprendi a ler com o meu avô, sentado no colo dele. Eu pegava um jornal velho, amarrotado, que embrulhava peixe, e começava a ler. Tentava ler, lógico. E aí eu peguei uma maneira meio estranha, psicodélica, sei lá o que que era, e comecei a ler palavras de trás para a frente, meio como o árabe faz. Então, eu pegava e desmembrava as palavras, como namorada, por exemplo, que tem amor no meio e tem também a palavra morar. A literatura foi surgindo comigo naturalmente. Eu sempre fui muito apaixonado por escrita, eu gosto de escrever, eu gosto de me expor. Não sei nem se sou bom escritor, mas eu gosto de me expor. Eu tenho essa felicidade. Uma coisa que sempre me ajudou é o humor, um ótimo remédio para tudo, para qualquer circunstância da vida. Eu sou muito brincalhão com as palavras, e a literatura entra nessa história. Eu fiz muito o que a personagem da Fernanda Montenegro fazia no filme *Central do Brasil*. Eu trabalhei na Central do Brasil – eu estudei numa escola do Senai da antiga RFFSA, saí de lá formado em ajustador mecânico, fresador, ferramentista, desenhista mecânico e projetista – e, na hora do almoço, eu escrevia cartas para as famílias das pessoas. Parava um piauiense, um cearense, exatamente como naquela cena do filme.

ISABELLA Quando foi isso?

CAIO Isso foi antes da chacina. Eu estudei oito anos no Senai. Quer dizer, a literatura fez muito parte da minha vida. O grande quinhão de eu existir foi o estudo. Eu comecei a trabalhar com 13 anos de idade, aprovado em uma seleção para entrar para a Rede Ferroviária como aluno-aprendiz. Tinha carteira assinada e ganhava um salário mínimo. Naquela época eu já tinha lido mais de 200 livros, aquela Coleção Vaga-Lume, não sei se vocês lembram, os livros da Agatha Christie.

MAURO **Onde você comprava os livros?**

CAIO Nos sebos da vida. Em Vigário Geral, tinha um senhor que vendia livros em uma banquinha. Eu ia lá sempre e comprava livros. Por causa do meu avô, eu, como ele, estava sempre com um jornal debaixo do braço, sempre com um livrinho debaixo do braço. E começou a me despertar uma veia poética, passei a entender um pouco de poesia. Quando eu li o Carlos Drummond de Andrade, pensei: "cara, esse cara acha que é meu amigo". Abusado, olha só o abuso! Quando eu li o Erico Verissimo, eu disse: "cara, eu conheço esse cara". Aí, quando li Paulo Freire, eu falei: "cara, esse cara tá contando a história que eu conto?". Quando eu li *O caçador de pipas*, pensei: "é a minha história!". As histórias universais são histórias locais. Por que Jesus Cristo é universal? Porque ele é um cara local, e contam uma história que é fantástica, que toca todo mundo. E eu entendi isso desde moleque, eu falei assim: "Caramba! Esses caras dialogam comigo!". Eu era abusado nessa coisa de escrever.

ISABELLA **No livro, o Zuenir cita o grupo de intelectuais que ele encontrou em Vigário Geral, do qual faziam parte você, Valmir, Renato, Rogério, Zé. Você tem contato com eles?**

CAIO Tenho. Zuenir cita o Mocovige, o Movimento Comunitário de Vigário Geral, que havíamos criado. Eu comecei a estudar muito, com 13 anos, quando passei para o Senai, além de fazer cursos de inglês, alemão, francês. Eu queria preencher meu tempo. Eu não me via naquele lugar triste de Vigário Geral. Não que fosse um lugar ruim, mas era melancólico. Eu não me via naquele lugar de ficar falando da vida dos outros, ver o tempo passar, de se contentar com o salário mínimo e ter a carteira assinada, eu me via em outro lugar. Eu conseguia me perceber no Arpoador, em Ipanema, em Nova York.

Então, quando eu faço esse trajeto, passo a ser referência. Meu pai já era referência, e eu passo a ser também. Meu pai era mestre de obras, construiu uma casinha na Rua Antonio Mendes, onde houve a chacina. A gente morava no número 20, e a chacina foi no número 13, três, quatro casas depois. A minha casa ficava entre a passarela onde a polícia entrava e a boca de fumo. No meio do caminho, tinha uma pedra. Eu era essa pedra filosofal. Eu me percebi desse jeito. Era uma casa muito visada pela polícia, porque achavam que era de bandido. Mas era a casa do seu Zé Baixinho, que todo mundo na comunidade conhecia; meu pai foi um dos responsáveis por iluminar quase toda a favela. Meu pai fez uma cisterna, na casa em que a gente morava, que tinha 30 mil litros d'água, e muita gente ia buscar água lá. Meu pai era referência, aí eu passei a ser referência porque era estudioso, sempre com um livro na mão e circulando em rodas de gente que falava de prosa e literatura. Aí o Valmir aparece nessa história, um ótimo artesão, escultor, artista plástico. Renato foi o cara que eu ajudei a ser um dos maiores expoentes do universo do circo no Brasil.

ISABELLA Ele trabalha com circo hoje?

CAIO O Renato Ferreira é o Palhaço Topetão.

ISABELLA E o Rogério e o Zé?

CAIO O Renato, o Valmir, o Rogério, o Zé, cada um tinha esse quinhão de coisa. Tinha um outro, o Joel, um menino de Vigário Geral, que já falava inglês. E essa turma se reunia onde? Na casa do Caio. No meu quarto, que eles chamavam de Caio's Gay Bar. Era uma brincadeira que eles tinham, porque era um quarto aberto a todas as tribos. Tinha do maconheiro à lésbica, ao transexual... todo mundo entrava no meu quarto. E por quê? Porque era um quarto que tinha violão, skate na parede, um aparelho de som CCE e muitos discos, de John Lennon, Legião Urbana, Raul Seixas. Imagina isso dentro de uma favela! Cheio de livro, de literatura e de boemia. As pessoas iam muito na minha casa, sábado, domingo, tomavam um vinho, paqueravam. Era o Beco das Garrafas de Vigário Geral.

ISABELLA No capitulo 17, "Do Fundo das Trevas", tem a entrevista de Zuenir com o traficante Flavio Negão. Escutamos a fita, recentemente. Quem estava ali com vocês?

CAIO Éramos eu, Zuenir, o Flávio Negão e o Djalma, irmão dele.

ISABELLA Zuenir te apresenta como um intelectual, e o Flávio Negão como um empreendedor, porque, além de gerenciar o tráfico, ele abria pequenos comércios. Eram duas juventudes em destaque, por motivos bem diferentes. O que você pensa sobre isso, olhando lá para trás?

CAIO Eu não consigo distanciar pensando no tempo. Para mim, o tempo é o mesmo, de lá e de cá. Porque eu sabia da trajetória do Flávio Negão. Aliás, eu tinha um carinho imenso por ele, até porque estudamos juntos no Senai, em Duque de Caxias, juntamente com os irmãos dele, Djalma e Jarbas.

Eu sempre fui um empreendedor social, um articulista social, um ativista de direitos humanos, sem entender o que eram os direitos humanos. Eu sempre fui um assistente social, um sociólogo, sem ter esse nome "sociologia" na minha vida. Eu sempre tive essa lógica de percepção de vida. Com isso, ajudei também boa parte da minha família a estudar. É um processo lento, doloroso, cansativo, mas é um processo que faz você chegar lá; é a educação que vai fazer essa diferença. Esse é o processo. Esse é o cimento necessário para se construir um futuro. Essa é a liga. É uma mistura de componentes. Tem que misturar areia, cimento, ferro para você fazer uma viga. Então, você tem que dar tempo ao tempo. Aliás, o concreto, para curar, são 28 dias. Como é que você quer resolver as coisas em um, dois dias? Ou na esquina, conversando, jogando conversa fora ou assaltando um banco?

Flávio Negão me ouvia muito. Chorava muito comigo. Tem uma história que é trágica na literatura humana, na literatura do crime, a tal do *Crime e castigo*, que a gente às vezes não enxerga. Existe um humano ali, podado por alguma situação histórica. Ele é recortado por ela. Ninguém nasce na condição – pelo menos eu acredito dessa forma – de ser assassino e cruel. Tem gente que nasce com psicopatia, como assassino, feminicida. Mas tem gente que será levado a isso pela situação histórica, e a pobreza é um dos itens, não é todo o item, não é todo o mal da história. Pelo contrário, se a pobreza fosse sinônimo de criminalidade, todo prédio em Ipanema seria assaltado hoje. Porque o cara que está na portaria é o Severino que mora no Vidigal. A dona Maria que limpa a casa é a que mora na Santa Marta. Se fosse assim, a gente envenenava a comida de todos os bacanas da vida, os banquetes. E quem cozinha para os bacanas são as donas Marias e as donas Severinas. São elas, essas personagens, que são esquecidas pela história.

Então, como o Flávio Negão vira criminoso? Era um jovem, da favela, que nasceu na mesma época que eu, que viveu um pouco da vida que eu vivi, um pouco da história que tive, de estudar, ir para a escola, que tinha uma família muito rígida. O pai dele, que ainda é vivo, era extremamente rígido; a mãe era extremamente religiosa e rígida. Só que, em um determinado momento, o Jarbas, irmão dele, se envolveu em um pequeno delito. As dimensões de um delito são diversas: uma coisa é assaltar banco, outra é sequestrar, outra coisa é você entrar numa loja e roubar um par de sapatos. Existe uma diferença enorme. A Justiça branca - o macho que está no poder - condena quem ela quiser. Ele cometeu um delito pequeno e foi preso, sendo responsabilizado por um monte de crimes e foi condenado a quatro anos de prisão. A família veio abaixo. E o Flávio Negão se revoltou, ameaçou sair matando. A oportunidade estava ali, a cena do crime está ali. A pessoa se arma com outro mecanismo de fuga, de refutar isso; o meu era a literatura, a do Flávio foi a arma. Como ele era um cara inteligente, bom de prosa, começou a comandar. Porque, quando o cara tem a educação, faz diferença até no crime. É fantástico isso. Os criminosos mais bem-sucedidos são os caras mais pacatos e tranquilos. Não fumam, não bebem, não cheiram. Eles negociam. Eles são empreendedores, entendem isso. Eles sabem a hora de jogar.

ISABELLA **Tudo que envolvia o dinheiro e o poder.**

CAIO A questão é o poder. E eu tinha o poder só da literatura, da barganha. Quem está armado tem poder em qualquer lugar do mundo. Só que é um poder limitado, fútil, frágil, covarde, assassino, cruel.

Esse poder que eu não quero para mim. Poder dialogar com a sociedade era o poder que eu queria.

ISABELLA E a vida no crime é que faz a possibilidade de a morte vir antes, que é uma das questões que Zuenir perguntou ao Flavio Negão na entrevista.

CAIO Muito antes. E a gente vivia essa contradição. Quando Zuenir entra na história e se aproxima de Vigário Geral, é lógico que o primeiro *approach* dele, a primeira percepção dele, não é querer falar com bandido. Aliás, que eu saiba, o Zuenir não estava nem escrevendo um livro sobre Vigário ou o Viva Rio. Na época, ele me confessou que estava escrevendo sobre personagens que nasceram em 1968. Aí o Luiz Eduardo Soares, que é um padrinho maravilhoso, comentou com o Zuenir que ele tinha que ouvir um rapazinho de Vigário Geral, um moleque pequenininho, com sedução, que havia feito uma palestra na Uerj e roubado a cena. Foi aí que o Zuenir veio conversar comigo, e eu sugeri a ele conversar com a comunidade, para entender o que é violência. Convidei Zuenir para viver um pouco de Vigário Geral, chamei-o para vir comigo. Eu não fui arrogante, não tinha a receita do bolo, mas disse que ele tinha que deixar a Vera, que perdeu a família na chacina, falar, a Dona Diocrece, que era mãe de santo, falar, a Penha, que era a fofoqueira de Vigário Geral, e a Rose, a menina bonita, falarem também. Ele tinha que falar com esses personagens; cada um tem uma história de vida, cada um tem esses cem anos de solidão da vida, um pouco dessa história. Aí ele, um escritor e jornalista renomado, começou a ir a Vigário Geral, meio acanhado, é lógico.

MAURO A gente está falando de 30 anos. Trinta anos de um Rio, de um Caio, de uma favela, e mudou muita coisa de lá para cá, em termos de violência. Qual é a Vigário Geral que você percebe quando vem aqui? Que mudanças, que similaridades na favela e na cidade em relação a esse período histórico?

CAIO Tem uma percepção que é imediata e que eu consigo ver um pouco mais hoje do que se eu tivesse naquela época. Aí me bate a parte da saudade. Eu era um influenciador social da época, eu era o grande influenciador social da época. O livro demonstra isso, fala disso. Eu influenciei muito a sociedade carioca a mudar o seu ponto de vista sobre a favela, o lugar da favela, a palavra "favela", quem é favela. Se eu estivesse, hoje, lá, em Vigário Geral, com essa internet, a evolução teria sido fantástica, muito maior.

Meu grande sonho era não ter tráfico de drogas na favela. Eu pedia isso. Inclusive, eu negociei com os dois chefes do tráfico. Eu fui dentro do presídio negociar com eles, pedi para saírem de cena, que me deixassem fazer minha revolução molecular, com habitação, saúde, creche. Olha só a percepção que nós tivemos: 30 anos atrás, botamos uma creche para cem crianças em Vigário Geral, que dava o direito à mãe de poder trabalhar com segurança, não ser explorada pelo marido ou ser abusada. Consegui fazer um projeto social cultural. O AfroReggae foi convidado a ir a Vigário Geral, e o primeiro projeto da organização fui eu que ajudei a escrever. Eu era esse interlocutor. Quando você olha para trás, a única coisa que aconteceu é que a lupa aumentou. Todo mundo debate sobre todos os processos de descriminação, de desqualificação. As cotas raciais estão aí. Imagina um jovem entrar em uma UFRJ. Eu fui o único da minha família e da favela a entrar na UFRJ. Fui o primeiro a estudar em uma universidade pública. Imagina o sacrifício pelo qual passei estudando para poder conseguir uma vaga para a faculdade de Ciências Sociais? E a minha nota dava para fazer Administração, Direito; quer dizer, eu não passei na rabeira, não. Eu estudei para passar mesmo, por mérito. E também não foi a meritocracia, foi o estudo.

Hoje, existem muitos Caios Ferrazes na sociedade carioca, na sociedade brasileira. Renê Silva é um deles, Celso Athayde, José Junior, Raull Santiago, do Complexo do Alemão, Jessé Andarilho, Preto Zezé; há vários. Eu converso muito com eles, são amigos meus. Eles dialogam muito comigo sobre essa capacidade de meter o pé na porta que eu tive, dizendo pro Zuenir que o evento tinha que acontecer naquele momento, chamando o Caio Fabio pro agora com a Casa da Paz e dizendo para o Betinho "quem tem fome tem pressa". Essa frase, eu falava muito para o Betinho. "Quem tem fome tem pressa, porque o tiro não espera. Porque o tiro é muito rápido. Não tem tempo de ir para um retiro". Eu tinha uma emergência muito grande que era a de parar aquelas chacinas.

ISABELLA Você falou que o seu sonho era que não houvesse o tráfico de drogas e que chegou a negociar essa possibilidade. Hoje, Vigário Geral é parte do Complexo de Israel, e o chefe do tráfico define, inclusive, sobre questões religiosas, culturais. O que você acha disso?

CAIO Sempre foi assim na História. Nunca foi diferente. A Idade Média comprova isso. Quando a religião se mistura com a política, cria-se um caos para a sociedade inteira. Porque a sua visão de Deus é uma visão de um Deus que pertence a você, mas não pertence ao africano, não pertence à senhora do candomblé, a quem faz o jongo. Não é o mesmo tipo de Deus. Quem cria essa seita são os pastores neopentecostais quando entram na igreja e convertem esses caras que estão abandonados pelo sistema, condenados. Tanto é que a maioria deles se transforma em pastores também. Então, você cria uma percepção de que Deus vai te curar, vai te converter - verter você ao contrário -, aí fala de um Deus poderoso, milagroso. Deus é o senhor de todas as razões. E esse cara, o Peixe, que tá armado e dominou Vigário Geral, eu já conversei com ele pessoalmente, não tenho nada contra a pessoa. Só que ele mescla essa questão de política com religião. E ele é político, ele é um ser político, o bandido é um ser político. A gente não percebe isso porque a gente não quer dar o braço a torcer. O miliciano é um ser político. Trágico falar isso? Não é, não. É real. Ele domina o território, cobra uma propina, um tributo pelo território, determina quem pode ir e vir, quem pode negociar ali. O Estado faz isso também, cobra um tributo. Os condomínios fazem isso e ainda cobram um tributo para ter um vigilante na sua porta.

ISABELLA É um modelo de gestão?

CAIO É um modelo de gestão. O cara não copia do além, não. Vem de um processo de territorialização. E quem se beneficia muito com esse território é a polícia, porque é ela que domina o território da cidade. As polícias do Rio de Janeiro, de São Paulo, as estaduais foram criadas para proteger a propriedade privada. Não é para proteger o bem comum, como é nos EUA, na Europa. Não é para respeitar o cidadão com as suas diferenças.

MAURO No livro, meu pai aponta a igreja evangélica, neopentecostal, começando a se expandir com muita força em Vigário. Hoje em dia é uma força muito dominante nas favelas. Você percebe esse aumento muito grande dos evangélicos em Vigário Geral? Acha que isso oprime as outras religiões?

CAIO Se você olhar não só para Vigário Geral, mas para qualquer favela, a menor que seja, ou as menos faladas, que não fazem parte do noticiário, nem da polícia, nem de Estado, nem nada, eu aposto contigo que vai encontrar pelo menos dez igrejas evangélicas, e uma só boca de fumo, uma só UPA, uma só escola, se tiver, um só centro comunitário, uma só quadra de esportes, uma só escola de samba. Mas igreja tem, no mínimo, meia dúzia. Olha a força disso. É uma força tão grande que eles criam o lema: Deus, Pátria e Família. Deus acima de tudo. Quando alguém potencializa isso, bota na mão de uma pessoa simples um WhatsApp e cria um grupo – o grupo das tias –, aí transforma a Terra em Terra plana. Bota todo mundo no mesmo plano, no mesmo lugar. E só existe um caminho: o da salvação. Deus e a minha família, que é lema do fascismo. Os donos do morro são agentes políticos, eles pagam à polícia para manter o privilégio deles, pagam ao desembargador para libertá-los, ao promotor para fingir que não aconteceu nada. E pagam bem. O jogo do bicho paga muito bem ao Estado para ficar calado.

A gente está falando da sociedade brasileira, que é sociedade de exclusão, não é sociedade de inclusão. Nós fomos formados assim. Aliás, nós fomos divididos em capitanias hereditárias. Imagina, se você pega uma capitania para você, a Isabella pega uma para ela, e eu pego uma para mim. Você acha que eu vou deixar alguém andar na minha capitania se eu vou ser o governador-geral? Se eu vou dominar o ouro, a terra, o quinhão disso? Se eu ainda vou ter escravos para mim? Pessoas que eu posso dizer que não têm alma, que não têm história, que não podem ter religião? Que o sincretismo religioso não me pertence? Essa é a grande discussão. E nós, agora, estamos nesse embate, porque nós não somos da geração da tecnologia. Nós até convivemos muito bem com a tecnologia. Só que a tecnologia, nesse amor líquido em que vivemos, em que tudo evapora muito rapidamente, como é que soluciona esse jogo de xadrez? Só o estado presente com cursos profissionalizantes na cidade, em Vigário Geral, não vai resolver hoje. Pode botar um Senai, não vai resolver hoje. É um processo muito mais complicado e complexo. Porque nós não resolvemos coisas básicas de civilização, de convivência social; não há casa, água potável, esgoto para todo mundo, os salários são muito desiguais. Percebe-se que nós não conseguimos resolver esse menu social.

Aliás, quer ver um detalhe, que eu sempre falei? Por que o roqueiro, o padre e o pastor fazem muito sucesso? Por um motivo muito simples. Eles falam de um púlpito, de um palco. Quando você está falando de um palco, você vai batendo no peito de todo mundo. A pulsação é muito maior, você não está olhando de olho para olho. O tempo é diferente. Eles fazem muito sucesso por causa disso. A gente não percebe isso porque a gente se distanciou desse debate de desiguais. Nós não somos iguais perante a lei. Não existe lei para mim, a lei é cruel comigo.

MAURO **Você, na época, pagou um preço muito alto porque foi ameaçado, perseguido e teve que se exilar nos Estados Unidos, onde está desde então. Hoje em dia você ainda sofre algum risco, ainda há alguma ameaça por parte da polícia?**

CAIO Eu, olhando para essa trajetória de 30 anos, não olho com tristeza, com saudosismo. Eu tive que sair do Brasil porque fui ameaçado. Quando você é ameaçado, não tem nem a oportunidade de voltar à sua casa para pegar a sua identidade, uma cueca ou a boneca da sua filha. Você tem que sair o mais rapidamente possível, porque vão te matar a qualquer momento. Eu saí com uma mão na frente e outra atrás, mas saí com uma bagagem que ninguém tirava. Eu saí sem mala, mas a minha bagagem era enorme.

ISABELLA **Qual era a bagagem?**

CAIO Essa cultura, essa percepção de vida.

ISABELLA **O que você tem a dizer sobre *Cidade partida*?**

CAIO Sempre foi partida. Sempre foi uma cidade repartida ao meio, e há duas definições poéticas de que eu sempre gostei. Uma, da Elizabeth Bishop, poetisa americana, que diz que "o Rio de Janeiro não é uma cidade maravilhosa, mas, sim, um cenário maravilhoso para uma cidade". E a outra definição, do nosso amigo Drummond, "no mar estava escrita uma cidade". O Rio – inclusive, eu tenho uma poesia em que falo sobre isso – é a única cidade no mundo que você pode conjugar como verbo: eu rio, tu ris, ele ri, nós rimos, vós rides, eles riem. Eu Rio. E é uma cidade que passa, é um rio, um Rio que passou em nossas vidas. Eu criei o personagem poeta. Tanto é que eu sou o Caio poeta, é assim que todo mundo me chama no Brasil. Não me chamam mais de Caio Ferraz, Caio sociólogo. Porque a poesia transcende, passa por todos os universos. Eu consigo dialogar com fascistas, bolsonaristas. Eu tenho amigos que me adoram por causa da poesia.

ISABELLA Como diz o professor Muniz Sodré, é o ponto de vida, não somente de vista. Zuenir destaca uma frase da carta da caminhada da paz em que você fala: "a gente quer viver, a gente não quer sobreviver". Você acha que as pessoas estão vivendo melhor hoje?

CAIO Estão sobrevivendo melhor. Vivendo melhor, não sei. Elas têm um pouco mais o Estado presente na vida delas, um pouco mais dessa participação, de alcançar um pouco, de sonhar um pouco. Eu acho muito legal quando as pessoas olham para mim e dizem que se inspiraram em mim, que foram estudar Filosofia, Sociologia, Jornalismo por causa da minha história. Isso é superlegal.

ISABELLA E porque foi uma luta também?

CAIO Foi uma luta. Eu acabei sendo um personagem, nem imaginava que chegaria a esse ponto, não tive essa intenção com Zuenir. Acho que nem ele teve isso comigo, mas foi uma coincidência boa. Nós vibramos, estávamos sintonizados na mesma rádio, a rádio do amor, da perspectiva de um futuro melhor, e conseguimos pegar a *vibe* da mesma melodia. Eu botei um pouco da letra, ele botou um pouco da melodia, e compusemos uma canção linda sobre o Rio de Janeiro, para tirar essa ideia de cidade partida.

JOSÉ JUNIOR

“ANTES DE SAIR, ME APROXIMEI DA RODA de uns cinco jovens negros, elegantes, com camisas multicoloridas, calças que parecem de Bali e cabelos rastafári. Eles acabam de chegar. São do grupo AfroReggae, me informa um deles, Rafael, com quem vou conversando a caminho da quadra”, escreve Zuenir logo no primeiro capítulo, “Vigário in Concert Geral”, da Parte II do livro. Ele cita a seguir o segundo número do jornal *AfroReggae Notícias*, cuja reportagem de capa é sobre Malcolm X.

O AfroReggae havia sido fundado naquele ano de 1993 por José Junior. Desde sua criação, o grupo desenvolveu diversos projetos socioculturais em favelas do Rio. Paralelamente, Junior passou a mediar conflitos armados, em busca da paz, e desenvolveu trabalhos de ressocialização de bandidos envolvidos com o tráfico. Atualmente, ele é CEO da AfroReggae Audiovisual, tendo criado e produzido dezenas de séries, longas-metragens e documentários de sucesso, como *A divisão*, *Arcanjo renegado*, *Betinho – no fio da navalha* e *O jogo que mudou a história*.

ROBERTO Quem você é, de uma maneira objetiva, mas também subjetiva?

JOSÉ JUNIOR Meu nome é José Junior, eu sou fundador do AfroReggae e me considero cria do mestre Zuenir Ventura.

MAURO E por que você se considera cria de Zuenir? Em que momento da sua vida e do Rio de Janeiro você o conhece? Como foi esse primeiro encontro?

JOSÉ JUNIOR Eu chamo Zuenir de mestre. Eu o conheci quando tinha 25 anos, em um evento que fiz em outubro de 1993 chamado “Vigário in Concert Geral”. Ele era editor especial do *Jornal do Brasil*, mas eu não sabia quem ele era e fui apresentado pelo Caio Ferraz. Na época, não tinha nem a Casa da Paz, mas havia o Mocovige, o Movimento Comunitário de Vigário Geral, criado por quatro jovens. O Caio, sempre muito articulado, era um deles. Ele era o primeiro caso de um morador de Vigário Geral que cursou faculdade pública, de Sociologia. E o mestre estava lá no evento. Lembro que o Bope estava por perto. Eu não sabia quem era Zuenir Ventura, mas o Bope sabia. Mal ele saiu pela passarela verde e foi embora, os policiais acabaram com o evento e espancaram várias pessoas. Eu não fui espancado. A figura do mestre na favela, nas vezes que ele foi lá, trazia a paz. Eu posso falar que o primeiro mediador de conflitos de Vigário Geral foi Zuenir Ventura.

MAURO Você organizou o Vigário Geral in Concert em que circunstâncias? Você é de Ramos e foi criado no Centro da cidade. Como é que você chega a Vigário Geral? E o AfroReggae já existia em 1993?

JOSÉ JUNIOR Sim, sou de Ramos. Em 1978, fui morar no Centro, que naquela época tinha muita prostituição, tráfico, jogatina, cassinos clandestinos com as chamadas "cabeças de pôquer". E tinha uma cultura marginal muito forte, da malandragem, mas também da criminalidade, só que uma outra criminalidade. No Centro, eu morei na casa de um amigo. De noite, a mãe dele se prostituía na porta de casa. Isso para mim era muito chocante. Eu acho que para todo mundo, ainda mais para quem não era de lá. Depois, virou uma coisa normal. Eu cresci num ambiente em que a Aids foi uma bomba atômica, porque tinha muita prostituição masculina e feminina, e muitos amigos meus morreram. Na sequência, eu comecei a fazer festas de funk, não um baile funk. Era a mesma música, porém, a estrutura era menor. Quando em 1992 teve o arrastão na Praia do Arpoador, que foi denominado de "arrastão de funkeiros", o funk ficou proibido, e eu passei a tocar reggae. Em janeiro de 1993, eu lanço um jornal, o *AfroReggae Notícias*. A gente usava como espaço para reuniões o Ceap, o Centro de Articulação da População Marginalizada. Seu fundador, Ivanir dos Santos, era talvez o maior ícone do movimento negro naquela época. Logo aconteceram a Chacina da Candelária e, 30 dias depois, a Chacina de Vigário Geral. Quando teve a Chacina de Vigário, o Ceap se mobilizou, e eu fui junto, já tendo criado o AfroReggae. Havia também ações do Centro de Teatro do Oprimido, de Augusto Boal, e do Iser, o Instituto de Estudos da Religião. Não existia ainda o Viva Rio. Depois, começaram a chegar várias ONGs. Da mesma forma que chegaram, saíram. Só o AfroReggae ficou. Então, eu chego logo depois da chacina e participo ativamente da favela, trabalhando como voluntário. Para poder chegar a Vigário Geral, eu tinha que dar calote no ônibus, entrar por trás. O único que sabia quem era o Zuenir era o Caio, porque ele já lia o *Jornal do Brasil*. Eu nem jornal lia. Se lesse, seria *O Dia*. Caio é muito intelectualizado, uma figura fora da curva. Não sei se todos reconhecem, mas dificilmente eu seria quem eu sou e o Caio seria quem ele é se não tivéssemos cruzado com o mestre. E, quando a gente fala de favela naquela época, Vigário Geral era o QG do Comando Vermelho. Por mais que fosse pequena, era uma potência do crime. Toda a indústria do sequestro estava lá. E tinha um popstar do momento, que era o Flávio Negão, um cara baixinho, que frequentou o Testemunhas de Jeová. Sabia todos os salmos decorados de cabeça.

MAURO Bom, aí você conheceu meu pai durante os dez meses em que ele frequentou Vigário Geral.

JOSÉ JUNIOR Ele não frequentou só dez meses, frequentou muito mais. Esse tempo foi para fazer o livro. A minha relação com ele foi muito maior depois que ele terminou a pesquisa do livro. Nós tínhamos o telefone dele, sabíamos onde ele morava. Ele se colocava à disposição para ajudar. E a gente sabia que ele era um "costas quentes". Eu não seria quem eu sou sem o Zuenir Ventura.

MAURO Sobre o conceito da cidade partida, você, nesses anos todos, tentou fazer uma espécie de costura, criar conexões, juntar vozes, unir posições antagônicas.

JOSÉ JUNIOR Eu comecei a criar pontes e viadutos numa via de mão dupla. Eu acho a cidade hoje muito menos partida do que naquela época. Naqueles tempos, por exemplo, só tinha um orelhão comunitário em Vigário Geral para todos os moradores, e que nem tocava.

Além do mestre, chegaram outras pessoas também: Manoel Ribeiro; o pessoal do movimento Viva Rio, que não é a ONG Viva Rio, diga-se de passagem, porque era diferente; tinha o próprio Caio, que liderou um movimento muito forte, tanto que depois criou a Casa da Paz. Eu até brincava com o Zuenir e usava um termo que não sei se seria politicamente correto: eu falava que ele era o nosso Cristóvão Colombo, o nosso Pedro Álvares Cabral, porque ele era o descobridor daquilo tudo ali. E o Caio era o porta-voz. Então tínhamos o jornalista mais "pica" que existia no Brasil, tínhamos o Caio, que falava como ninguém, porque tinha muito conhecimento, muito conteúdo. Ele tinha um fuzil na língua. Não é à toa que depois ele teve que sair do Brasil. Eu tive referências na minha vida de pessoas ícones que me ensinaram muito, o Manoel Ribeiro, o Waly Salomão, o Lorenzo Zanetti, da Federação de Órgãos para Assistência Social e Educacional (Fase), e o Betinho, que tinha a grandiosidade dele. Eu e Caio ficamos uns 20 anos sem nos falar, a gente não chegou a brigar. Mas aconteceu algo em torno de ego, de vaidade. A gente se separou em 1995. O AfroReggae não tinha muita visibilidade, a Casa da Paz tinha muita. E eu resolvo tirar Vigário Geral das páginas policiais e colocar nos cadernos de cultura. Como é que eu faço isso? Levo Caetano Veloso e Regina Casé para apadrinhar a oficina de dança e percussão. Se não me engano, o mestre estava lá também, além de Manoel Ribeiro. E a TV Zero fez um vídeo de graça para a gente sobre esse batizado. Robertinho, você deve se lembrar disso. Um outro fato marcante foi quando aqueles meninos, alguns que nunca tinham saído de Vigário, que nunca tinham saído da favela, foram tocar na Praia de Copacabana. Foi tão louco que vários deles tiveram enjoo, passaram a vomitar no ônibus porque não estavam acostumados. Você sair de Vigário Geral no início dos anos 1990 para vir para Copacabana, a distância era outra. Era uma outra situação. As pessoas não iam para o shopping por medo. Tinha um modismo nos anos 1990 que era o de organizações sociais trabalharem com o "menino de rua". Eu nunca quis tirar um menino das ruas, queria tirar o menino do tráfico. Ninguém falava isso, só eu. Eu fui o pioneiro nisso. Comecei a falar sobre isso e, logo, a gente caiu nas graças do mestre. E, quando a gente caiu nas graças da Globo, aí a visibilidade foi outra.

MAURO Você falou que acha a cidade hoje menos partida; quando ela foi mais partida?

JOSÉ JUNIOR Naquela época, era muito mais partida. Jamais existiria um cara como o Luciano Vidigal como diretor, um cara que veio da favela. Você tem noção do que é isso? Em 1993, o Luciano estaria servindo um cafezinho aqui ou sendo o faxineiro. Estou exagerando, Luciano?

LUCIANO Não.

JOSÉ JUNIOR O Luciano é diretor, você entendeu a mudança? Você tem um maluco que nem o Luciano, que tinha que ser reverenciado e não é. Estou falando sério. Não sei se tem trabalho pra caramba, mas deveria ter, porque um cara que nem o Luciano, se eu trabalhasse com política pública, falaria: "Quanto mais Luciano tiver, menos bandido, menos caras ociosos". Luciano tem uma ONG que o ajudou, o Nós do Morro. Ele é a prova de que dá certo, de que o sonho é possível. A gente tem que ter mais figuras como essa. O Luciano é ator, é diretor, acabou de fazer um filme com a TV Zero. E eu hoje sou *showrunner*, crio e produzo conteúdo para as plataformas. Quando é que um cara que nem eu teria chance de chegar à terra do cinema com um título top? Jamais. Então, hoje é menos partida. Hoje tem um ativismo digital em que o cara não corre risco nenhum. Eu ganhei foi tiro pra cacete ao longo da minha vida. Já fui ameaçado de morte várias vezes. Hoje o cara é ameaçado de morte pelo X (antigo Twitter) e fica morrendo de medo. A professora Silvia Ramos me conheceu fazendo uma pesquisa que virou um livro chamado *Elemento suspeito*. Ela queria saber por que, em 2003, eu era tão parado em blitz. E eu achava normal, porque saía de favela de madrugada.

MAURO Qual sua ligação hoje com o AfroReggae?

JOSÉ JUNIOR Em dezembro de 2015 eu saí da parte executiva da ONG AfroReggae. Eu não estou mais à frente. Somente no conselho. E hoje eu sou o maior patrocinador da ONG. Ninguém bota mais dinheiro do que eu.

SILVIA Você disse que muita gente foi para Vigário, e muita gente saiu de Vigário. Só restou o AfroReggae, que construiu o centro cultural. Além disso, você criou o projeto Conexões Urbanas, com o apoio da prefeitura. Havia uma van que levava muitos de nós, que nunca tínhamos ido às favelas, para lá. Iam artistas como Marisa Monte, Caetano Veloso, Gil, o Rappa. Era um momento de compreensão maior, após o lançamento do *Cidade partida*, de que era preciso haver uma invasão cultural nas favelas e vice-versa. Eu acho que o "vice-versa" aconteceu: hoje há mais Renes (Silva) e Raulls (Santiago). Naquela época, você era o único que fazia isso. Mas a cidade ocupando as favelas é uma coisa que refluiu, acho que as favelas estão mais isoladas hoje do que já estiveram.

JOSÉ JUNIOR Eu discordo. Primeiro, professora, eu acho que, o que eu fiz, nem Rene nem Raull fizeram. Eu tiro pessoas até hoje do tráfico. Eu mudo vidas até os dias atuais. Faço isso agora no audiovisual. Eu me reinventei. Eu não considero que a favela hoje está mais isolada, acho que está muito mais próxima. Como é que hoje está mais isolada se a Madonna, no maior show da carreira dela, posta a foto do Rene, um grande empreendedor jovem dentro da favela? Não pode estar mais isolada; isso não é verdade. E dizer que a polícia é mais violenta hoje? Mentira. Naquela época, não tinha câmera, não tinha WhatsApp. Os caras faziam o que queriam e ficava por isso mesmo. Hoje é diferente, eu considero a violência muito menor. Você vai me perguntar sobre os dados e índices de hoje. Mas, naquele tempo, não tinha dados e índices; o bandido acordava de mau humor, podia esquartejar uma pessoa e ficava por isso mesmo. Eu não sou uma pessoa de números, mas vamos supor que o Rio de Janeiro tenha hoje 1.400 áreas conflagradas. Área conflagrada não é só a favela. Quantos grupos armados tem no Rio de Janeiro hoje? Antigamente, havia uma clareza: Comando Vermelho, Terceiro Comando, ADA e as milícias. Não existe mais isso. Você deve ter, hoje, uns 18 grupos armados disputando território. As pessoas não sabem disso. Não existe mais milícia, existem milícias. Há um saber, um conteúdo que não foi sistematizado ainda, e as pessoas não sabem o que está acontecendo. Existe um "bastidor" tanto no Rio de Janeiro do passado como no do presente que não chega para a professora Silvia Ramos, que não chega à Globo, não chega nem a mim. Hoje, as pessoas veem as redes sociais para poder denunciar. Naquela época o que você tinha? Como é que morreu uma das mães de Acari, a Edinéia? Tinha acabado de fazer uma denúncia, estava, se não me engano, na Avenida Presidente Vargas, foi perseguida e abatida que nem um animal. Ninguém filmou, ninguém viu. Hoje é impossível você fazer isso. Como é que eu vou achar que hoje é pior? Não é não. Querem criar a sensação de que está pior. Quantas histórias a gente não pode contar aqui de policiais, de favela, de massacres que aconteceram. Porque hoje, querendo ou não, é tudo divulgado. Tudo naquela época era pior. E eu posso dizer isso porque eu vivi. Vivemos uma Disneylândia? Não. Estamos num caos. Só que naquela época não incomodava às pessoas da Zona Sul que os pretinhos estivessem se matando do outro lado do Túnel Rebouças. Não estou dizendo que hoje a vida é boa, mas, naquela época, era muito pior. Esta cidade continua partida? Muito, mas não é igual àquela época. Tem gente da nova geração que vai dizer que hoje é muito pior! Não é pior, não se compara. Você hoje filma o cara, você denuncia, você tem muito mais acesso.

LUCIANO Eu te conheço há muitos anos, e você sempre teve um discurso de potencializar as pessoas, trabalhando a autoestima, que é fundamental. Considerando o conceito de cidade partida, de que são duas cidades, qual a diferença que você vê nessas duas cidades, se é só o poder aquisitivo, se é cultural.

JOSÉ JUNIOR No passado ou no presente? Porque são situações diferentes. Por exemplo, hoje, quando eu vejo o Raphael Vicente, que é oriundo da Maré, que faz conteúdo para as redes sociais, me dá um orgulho fodido, porque ele venceu. Naquela época, isso era impossível. Então como é que eu vou achar que hoje é pior? Ao mesmo tempo, acho que ainda existe a cidade partida; embora menos partida do que quando o mestre fez o livro. Muitos aspectos podem ter piorado, sim. Em outros, melhorou. Naquela época, não tinha uma quantidade relevante de pessoas negras nas universidades, não tinha programa de cotas. Quando eu comecei com o AfroReggae, em

1993, quase nenhuma ONG que trabalhava na base tinha acesso à cooperação internacional. Eu quebrei isso, fui o primeiro a conseguir. Como é que eu recebi verba no início? Era um projeto ligado à Fase, que nos repassava. Estou falando de dois mil, três mil reais. Sempre tinha uma instituição branca, da elite, para ajudar as organizações, e eu tenho muito orgulho de ter quebrado isso. Hoje os novos empreendedores sociais falam diretamente com as grandes empresas. Antigamente você não tinha acesso.

LUCIANO **Mas você acha que esse jovem, sobre quem você comentou que vomitara nesse trajeto geográfico até a Zona Sul, se sente mais pertencente à cidade?**

JOSÉ JUNIOR Acho. Em parceria com o Globoplay, nós lançamos a série *O jogo que mudou a história*, em que 71% do elenco é preto. Pessoas de mais de 40 favelas participam do elenco e da figuração. Isso é revolução, inovação, oportunidade. E, detalhe, dos 12 protagonistas, oito são pretos. Quando, Luciano, que isso aconteceria? Em todas as séries que eu lanço, com exceção da que fiz sobre o Betinho, o protagonista é preto. E todos vêm de uma área popular. Sílvio Guindane? Baixada Fluminense. Marcelo Mello Jr.? Veio da Baixada Fluminense, foi para o Cantagalo, depois para o Vidigal. Detalhe que nenhum deles nunca foi protagonista e está sendo comigo, nas séries que crio e produzo. Falo isso com o maior orgulho. Naquela época, quantos pretos estavam na novela? Quantos pretos estavam no cinema? Estou falando isso em relação aos anos 1990, porque nos anos 2000 veio o filme *Cidade de Deus*, que é o grande ícone revolucionário e transformador para mim. Você participou também?

LUCIANO **Participei.**

JOSÉ JUNIOR Inclusive, é um filme que virou a chave da minha cabeça. Eu não posso fazer coro de que agora está pior, porque isso é uma inverdade. Eu não estaria aqui. Um cara que nem eu, amigo assumidamente de alguns traficantes, de policiais, já era para ter morrido há muito tempo, a professora Silvia Ramos sabe disso. Eu sou incompreendido pelas minhas relações. Todas elas assumidas, porque eu poderia mentir. Há 31 anos que nós tiramos pessoas da criminalidade. Fiz muitas mediações de conflitos nas favelas e em locais vistos como problemáticos e periculosos no Rio. Hoje, evito fazer. Às vezes, quando vejo algo absurdo, acabo fazendo e evito ter visibilidade. Uma coisa que eu aprendi com Pelé é você saber encerrar sua carreira na hora certa.

MAURO **Qual carreira?**

JOSÉ JUNIOR Eu encerrei o meu ciclo no terceiro setor no auge. Mas eu nunca vou deixar de ter o espírito pulsante de visionário e ativista social, basta ver o que eu estou fazendo à frente da AfroReggae Audiovisual. Todos os meus projetos na produtora têm uma questão social. Eu acho que um cara que nem eu, que vem de ONG, que vem de movimento social, eu cada vez mais quero fazer coisas ligadas ao social no audiovisual e fazer grandes histórias.

MAURO **Mas o que o motiva a contar essas histórias nas séries que você produziu? De alguma forma, elas retratam as favelas, a violência, e tem gente que acha que isso estigmatiza.**

JOSÉ JUNIOR Eu só faço o mundo real, e o mundo real é violento. Você quer, por exemplo, lugar mais violento que Copacabana? Eu não faço Copacabana, mas é um lugar extremamente violento. Como eu me reinventei, virei agora refém do sucesso, dos hits, porque tudo que estou fazendo, graças a Deus, está dando certo. Existe uma fúria dentro de mim que nunca se apagou. Uma fúria jovial, mesmo com 56 anos. Essa energia não está mais nos gritos, nas guerras, está nas histórias. Eu quero mostrar nas telas esse acervo fantástico de histórias que eu sei, que vivi e algumas de que participei.

SILVIA **Na semana passada, reunimos, aqui na TV Zero, seis egressos do sistema penitenciário, alguns deles ex-traficantes do Complexo da Maré, todos do Comando Vermelho. Eu acho que esses caras mudaram muito pouco se compararmos à época do Flávio Negão no que se refere à forma de pensar, ao que eles fazem, de dar tiros uns nos outros. O PCC em São Paulo, por exemplo, se reinventou. E sabe o que não mudou também, ao que me parece? A polícia. São as mesmas pessoas com**

a ideia de policial matador, que veste aquela roupa de exército, de guerra, e que pega o fuzil.

JOSÉ JUNIOR Professora, em partes, eu discordo. Vou te dar um exemplo. O tenente-coronel Ivan Blaz foi porta-voz da Polícia Militar durante muitos anos. Ele não tem esse olhar que a senhora colocou aí. A gente nem tá falando de coronel Robson Rodrigues, que não está mais na ativa. E ninguém me ajuda mais a tirar gente do crime do que o atual secretário de Polícia Civil, Marcus Amin. Todo mundo que quer largar o crime, o Amin apoia. E é um cara que tem o discurso, inclusive, de enfrentamento, mas é a pessoa que mais ajuda a ONG AfroReggae a tirar pessoas da criminalidade.

LUCIANO **Junior, tudo o que você está falando tem muito a ver com a política do medo também. E você circula por vários lugares. Você tem um método? Como é isso?**

JOSÉ JUNIOR: Luciano, entre 2012 e 2017 eu fiquei com escolta do Bope e da Core, 24 horas por dia. E, se você perguntar para mim, eu juro, os policiais são testemunhas disso, eu não tinha medo. Eu sempre aprendi a me adaptar. Quem convive comigo sabe que eu nunca tive medo. Eu posso te falar a coisa mais maluca ainda. Eu de vez em quando ainda sinto falta dessa adrenalina. Eu adorava entrar no meio do tiroteio mediando para salvar vidas. E aquilo ali, para mim, era uma necessidade de fazer a minha parte na sociedade. Eu tenho certeza de que tenho uma proteção espiritual. Sabe aquela coisa de que a direita se apropria de Deus? Eu não sou de direita, mas também me aproprio, porque eu me sinto muito protegido. Estou falando sério. Eu não me sinto ungido de Deus, mas eu tenho uma relação espiritual muito forte com divindades como Shiva, como São Miguel Arcanjo, Nossa Senhora de Fátima, Ogum, Xangô, Alá. Eu sou uma pessoa extremamente ligada à espiritualidade.

ROBERTO **E o lado de lá dessa cidade partida contemporânea, o que mudou?**

JOSÉ JUNIOR Nos anos 1970 e 1980, o traficante era mais culto. Depois, não se via mais isso, ele perdeu essa cultura. E eu acho que agora os traficantes, muitos deles e até alguns milicianos, estão mais conectados aos noticiários e ao que acontece no seu entorno. Isso se deve muito à internet, eles veem, por exemplo, muitas séries, podcasts, entrevistas etc. Eles falam menos errado e têm mais discernimento. Cidade partida não seria nunca em São Paulo nem em Porto Alegre. São Paulo não tem essa disputa territorial. Não quer dizer que não haja uma violência. Em São Paulo, muitas vezes o cara tem uma dívida. Porque, se a facção ajuda o cara quando ele está preso, ele tem que devolver. Isso é mais complicado. É melhor, é pior? É diferente.

SILVIA Esse esquema da Assembleia Legislativa do Estado do Rio de Janeiro (Alerj) em que polícia, político, milícia e bandidagem estão juntos, são muito próximos, não acontece em Minas, por exemplo.

JOSÉ JUNIOR Isso é uma coisa tipicamente do Rio. E dificilmente uma professora como a senhora estaria de frente para um cara igual a mim. Você acha que a gente conseguiria botar os inimigos do PCC juntos para fazer um depoimento? Não ia conseguir, aqui no Rio a gente já consegue. Podemos ir além: se quiséssemos botar o policial que os prendeu, o cara toparia também. Essa maluquice, só no Rio de Janeiro. Você viu aí Madonna, Rolling Stones. Por que eles não querem fazer seus grandes shows gratuitos em São Paulo, e sim no Rio? Porque o Rio é o Rio, mesmo com todas as suas mazelas. Eu me lembro de que, na época dos Jogos Pan-Americanos, o próprio bandido indiretamente ajudou, não tendo arrastão. Porque até o bandido quer que a Copa do Mundo aconteça no Brasil. Então aqui é diferente. Também acho errado chamar bandido de terrorista. Se fossem terroristas, a gente tava fodido. Imagina que é uma porrada de áreas conflagradas. Se cada área dessas tiver 20 soldados – tem área que tem mais de 300 –, é um exército. Como é que se combate isso? Ao mesmo tempo, quantos por cento da favela estão envolvidos com a criminalidade? Criminalidade não é só tráfico. É furto, é roubo. É 0,0 alguma coisa. Como é que esse 0,0 alguma coisa faz tanto barulho? É porque a gente tem governos de merda.

SILVIA E uma polícia muito ruim.

JOSÉ JUNIOR Mas, professora, segurança pública não é só polícia.

Segurança pública é saúde, é habitação. Segurança pública é educação, é cultura. Achar que segurança pública é só botar polícia, não é. Eu aprendi isso com a senhora.

MAURO Você fala muito de traficante. E miliciano, é assim também? Você consegue ter esse trânsito com milicianos?

JOSÉ JUNIOR Sim, já tiramos vários da milícia, e também policiais que não são milicianos que foram presos. A milícia da época da CPI das Milícias não é a de hoje. Naquela época, eram agentes ligados às forças de segurança. Hoje, os principais milicianos nunca foram policiais, muitos são ex-traficantes. A milícia do presente, você não sabe diferenciar se é traficante ou se é milícia. São as narcomilícias.

SILVIA O esquema do tráfico continua igual: entra droga, entra arma, e vamos comprar mais armas, e dar tiro.

JOSÉ JUNIOR Naquela época, o tráfico vivia do tráfico. Hoje, o tráfico não vive do tráfico. Hoje, o tráfico virou milícia, e a milícia virou tráfico. O mototáxi da Rocinha rende muito dinheiro. As vans, a água, a cerveja, os depósitos também. Há truculência, há violência? Sim. Só que a truculência hoje no asfalto cresceu muito. Antigamente o bandido não deixava roubar no entorno da favela. Hoje, ele deixa. Há quanto tempo que a gente não via ônibus incendiado? Mas vai dizer que hoje o sistema penitenciário é pior do que 20 anos atrás? Mentira. Hoje, tem quatro refeições. Nessa série *O jogo que mudou a história*, mostramos o antigo presídio da Ilha Grande. O cara chegava e era estuprado. O cara fazia dívida de droga, e você tinha que dar sua esposa como moeda de troca. Na época do *Cidade partida*, o presidente era o Itamar Franco, que já foi muito melhor que os anteriores. Hoje é o governo Lula, você tem a irmã da Marielle Franco num ministério, tem a Margareth Menezes como ministra da Cultura, o Salvino Oliveira como secretário municipal da Juventude. Então, como é que piorou, Luciano?

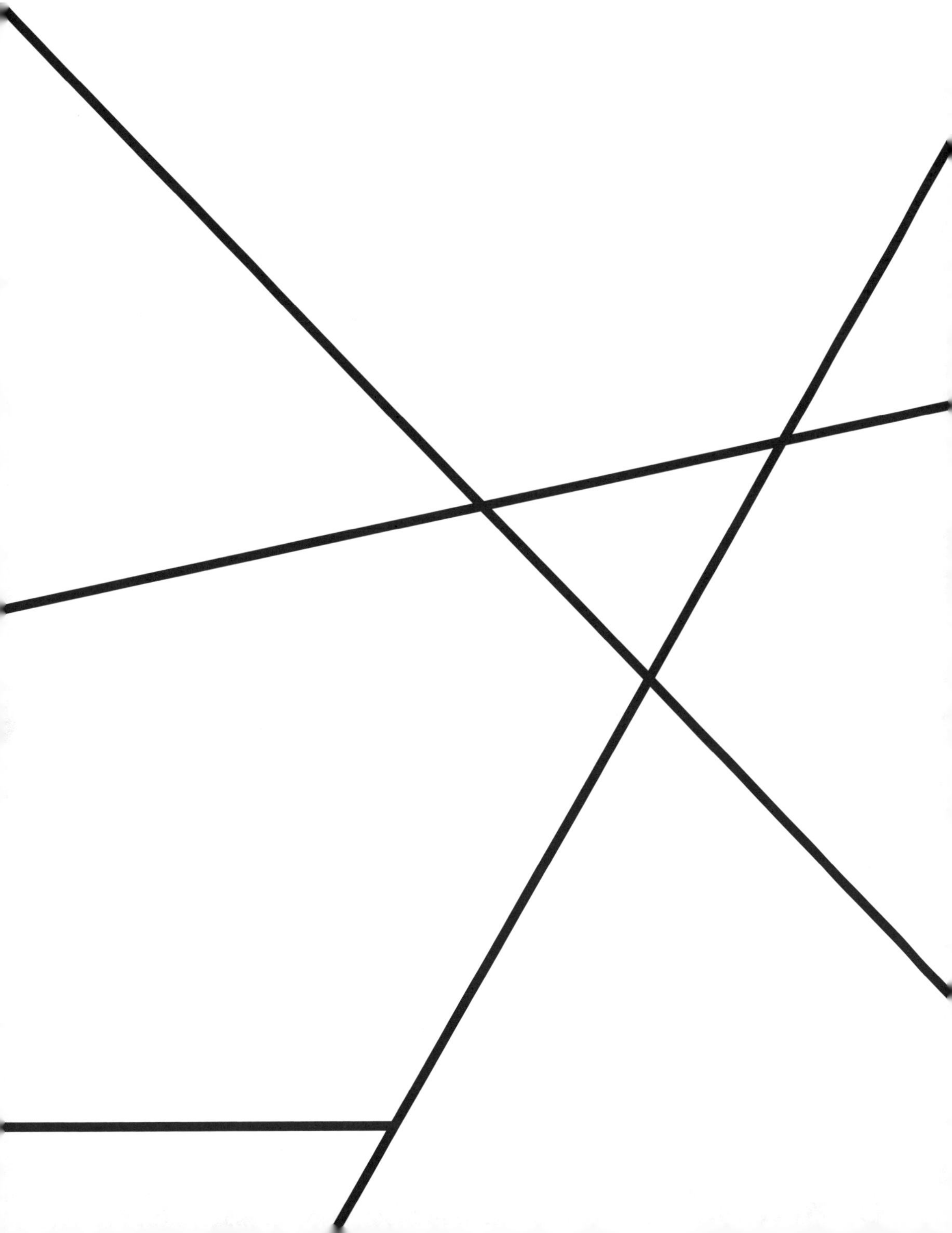

MANOEL RIBEIRO

“O ARQUITETO MANOEL RIBEIRO PASSAVA pelo calçadão em frente ao Arpoador Inn quando, assustado, viu a correria. O primeiro impulso foi fugir para dentro do hotel, mas os funcionários já haviam colocado mesas atrás das portas de vidro. Ele se escondeu então atrás de um pequeno coqueiro”, escreveu Zuenir na abertura do capítulo 6, “O Bonde do Mal Chega à Zona Sul”.

Dali mesmo, Manoel percebeu que se tratava de briga de turmas e não de um “arrastão”, como foi publicado pelos meios de comunicação da época. Inquieto com a situação, após a leitura do livro *O mundo funk carioca*, de Hermano Vianna, ele passou a frequentar bailes funk e organizou o workshop *Galeras: uma Manifestação Cultural? Uma Ameaça? Um Problema da Cidade?*, detalhado no Capítulo 14, “O Funk no Templo da Alta Cultura”.

Desde que assistiu àquelas brigas de galeras nas praias da Zona Sul, Manoel virou o principal especialista em funk do Rio. Podia ser visto em Vigário Geral e em Parada de Lucas promovendo cursos profissionalizantes, organizando bailes e oficinas de teatro, e debruçado na prancheta desenhando projetos para as favelas, conforme contava Zuenir, já revelando o início do que se concretizaria como o programa Favela-Bairro.

Na entrevista, ele relembra os fatos, entre eles o Baile da Paz, além de revelar que, aos 80 anos, decidiu cursar o doutorado em Planejamento Urbano e Regional, do Ippur–UFRJ, com um projeto de pesquisa que trata de identificar as potências e outras características virtuosas que fazem de algumas favelas verdadeiras plataformas de mobilidade social.

ISABELLA Nós queremos propor que você olhe para aquele tempo em que o livro *Cidade partida* foi escrito por Zuenir Ventura e para os momentos relatados por ele dos quais você fez parte. Aquele foi um período muito agitado, não é?

MANOEL Foi mesmo. Para mim, então, que estava em muitas iniciativas ao mesmo tempo... Algumas delas com um leve caráter transgressor, o que me estimulava, porque era um contato muito próximo com a outra cidade, a cidade desassistida, a cidade dos rejeitados. Isso me mobilizava muito. E foi nessa época que eu comecei a trabalhar com urbanização de favelas. Surgiu o programa Favela-Bairro, e eu passei a participar com o meu escritório de arquitetura. No meu primeiro trabalho nesse programa, na Serrinha, eu consegui que a Secretaria Municipal de Habitação (SMH) aceitasse uma intervenção urbanística sem projeto, que era uma ousadia minha ao propor, e muito maior do então secretário de Habitação, Sérgio Magalhães, que topou. Meu negócio era circular, conhecer bem o lugar, os espaços construídos, a relação desses espaços com os grupos sociais que os habitavam. Nessas flanâncias, identifiquei o território dos afrodescendentes, aquele dos nordestinos, o dos novos pobres que foram para a favela, expulsos pela elevação de aluguel, tinha ainda o lúmpen, onde moravam viúvas de traficantes, alcoólatras e drogados. Então, eu entendi aquele zoneamento socioterritorial da favela e, a partir daí, voltei a campo para verificar quais eram as tipologias de problemas recorrentes nos territórios desses diversos grupos, estabelecendo padrões de urbanização para corrigir esses problemas em cada lugar. Era uma coisa muito próxima das pessoas e das suas casas. Porque não havia projeto, eu acompanhava o dia a dia das obras, junto com um engenheiro da SMH, e precisava ter uma verba de contingência no orçamento para negociar com as pessoas. Trocava um pedaço de terreno, ou mesmo de uma varanda, para construir uma escadaria pela laje da cozinha ou o piso de cerâmica do banheiro. E eu sempre registrava todos os compromissos no livro da associação de moradores, para não levar um "banho". Enfim, foi um aprendizado muito rico.

ISABELLA **Em que ano foi isso? Você trabalhava onde?**

MANOEL Foi em 1994. Eu era freelancer; tinha saído da Caixa Econômica, onde trabalhei depois de o Serfhau (Serviço Federal de Habitação e Urbanismo) ser extinto. Nesse órgão, vinculado ao Ministério do Interior, nós trabalhávamos com foco em uma ideia de planejamento integrado, que ainda não existia no Brasil com aquela amplitude, pois envolvia as questões físico-urbanísticas, administrativas, sociais e econômicas. Eu vinha dessa prática, dessa praia.

MAURO Essas intervenções nas favelas exigiam um diálogo com o tráfico, com os traficantes. Como isso funcionava?

MANOEL Sim, às vezes era muito engraçado. Por exemplo, um dia, na Serrinha, o camarada que mandava lá disse que queria falar comigo. Marcamos um encontro no sopé do morro e fui lá conversar com ele. O caso era que ele queria me comunicar ter se convertido à igreja neopentecostal e pedir licença para fazer um monumento à Bíblia, em algum lugar da favela. Eu concordei e sugeri que fosse feito na pracinha, onde tinha uma casa de endolação *(preparação para comercialização das drogas)* do movimento, que eu havia mandado derrubar para melhorar o acesso da subida. E ele construiu o monumento! Esse diálogo foi impressionante. Eu não sabia que desfrutava de tanta autoridade. Isso foi na década de 1990, quando "os meninos" eram nascidos e criados no lugar. Em Parada de Lucas, teve um outro episódio também no limite do "vai dar merda". Tinha um chiqueiro de dois andares na margem do canal de Lucas, que passava dentro da favela, e eu precisava canalizar o rio e fazer duas vias marginais a ele. Perguntei de quem era o chiqueiro e descobri que era da mãe do subchefe do tráfico, porque o chefe mesmo era o Robertinho de Lucas, que nunca aparecia. Expliquei que era necessário fazer a obra para não ter mais enchente e sugeri que o chiqueiro fosse instalado na estrada na beira do mangue. Se a Secretaria de Habitação soubesse que eu dei essa sugestão, eu estaria ferrado, porque era completamente fora das normas ambientais, assim como o chiqueiro de então. Diálogos como esse foram uma porção. Alguns colegas diziam que era um absurdo conversar e negociar com o tráfico. Mas, se até briga de casal era resolvida dessa maneira, como é que eu não iria conversar para fazer o projeto e as obras? Eu iria fazer no peito? Ou não fazer? Tinha que negociar para garantir a realização dos contratos com os operários do empreiteiro em segurança.

ISABELLA No capítulo "O Bonde do Mal Chega à Zona Sul", Zuenir cita a sua presença na Praia de Ipanema diante do que ficou conhecido como "arrastão". E ele relata que, a partir dali, você se aproximou do movimento social que acabou se transformando no Viva Rio.

MANOEL Eu fiquei muito desconfortável com o negócio de dizerem que era um arrastão, porque, eu me lembro, tinha uma rede de vôlei ali, com uma rapaziada. O pau estava comendo lá atrás, e os caras continuaram a jogar vôlei. Não era roubo, era uma briga de turmas. Sou tijucano e me lembrava, de quando eu era garotão, de que havia umas brigas de turma mais encorpadas, que envolviam o Colégio Militar e a Escola Técnica. Eu fiquei incomodado com a repercussão na imprensa daquela cena na praia. Cheguei em casa e vi os noticiários da televisão dizendo que "hordas de marginais estavam vindo do subúrbio para assaltar em Ipanema". Comentei, muitas vezes, com a minha mulher, Kátia, sobre minha indignação. Ela, já aborrecida, me sugeriu fazer um seminário. Gostei da ideia, mas teria que ser uma coisa de arromba. Procurei o Luiz Pinguelli Rosa, que era diretor do Centro de Ciência e Cultura da UFRJ, e propus o evento. Ele foi superacolhedor e me cedeu a sala do conselho com uma mesa gigante e o cadeiral dos notáveis. O seminário reuniu o então prefeito, Cesar Maia, políticos e intelectuais, a academia toda, além do DJ Marlboro e do Rômulo Costa, dono da Furacão 2000. Lá pelas tantas, entraram 50 funkeiros com cartazes, uma loucura, que, soubemos depois, foi organizada pelo Rômulo.

ISABELLA O nome do seminário foi *Galeras: uma Manifestação Cultural? Uma Ameaça? Um Problema da Cidade?*.

MANOEL Pois é, e a principal conclusão a que chegamos, depois do seminário, é que o funk não era um problema, era antes um recurso para mobilizar os jovens. Aí, eu desenhei um programa chamado Rio Funk, que procurava abrir oportunidades de emprego no mundo funk, considerando desde o cara que carrega os discos, passando pelo das carrapetas, que era o que todo mundo queria ser, o disc jockey, até o que faz rap. No programa original, tinha um negócio de carpintaria de caixas de som e de eletricista, para quem não tinha talentos específicos, que acabou não saindo. Eu fui ao prefeito Cesar Maia apresentar a proposta, e ele me falou: "Qualquer movimento que mobilize um milhão de jovens no fim de semana me interessa". E, com o apoio da área de eventos da Prefeitura, implantamos o Rio Funk em 11 comunidades, inclusive na Serrinha, em Vigário Geral e em Parada de Lucas.

ISABELLA **Você tinha essa noção de que estava, como reportou Zuenir, apresentando o funk, que era associado à violência por muitas pessoas, como uma manifestação cultural?**

MANOEL Sim. O Marlboro me falava com muita convicção que o funk ia ser um fenômeno de massa e que ele queria levar o funk para a Zona Sul. De fato, ele fez baile no Scala, casa de espetáculos que existia no Leblon. O Marlboro tinha essa visão de que era possível transformar aquilo num produto que a classe média, e até a classe alta, consumisse. E eu embarquei nessa direto, porque as histórias do funk e da black music tinham sido diferentes. O Ademir, que era DJ, tinha começado com a black music no Canecão. A polícia reprimiu, e o gênero foi para as favelas. Aí, no que foi para as favelas, é claro, o tráfico se apropriou um pouco daquilo. Trazia mercado, né? A gente fez o caminho inverso: tirou o funk das favelas e levou de novo para a Zona Sul.

ISABELLA **E qual é a sua percepção hoje?**

MANOEL Hoje eu estou um pouco afastado disso, mas o funk se fragmentou em muitas linhas, desde o funk romântico, passando pelo "gangsta", até o funk-sacanagem. Tem de tudo ali, mas continua um movimento forte. No final da década de 1990, o funk era líder de audiência nos programas de rádio FM, a tarde inteira, tinha fanzines, era um mundo, realmente um fenômeno de massa que se espalhou pelo Brasil todo. A última vez que eu vi o Marlboro foi em Manaus. Ele com uma rapaziada fazendo baile, num ginásio de basquete apinhado de gente dançando.

MAURO **Como é que meu pai chegou a você? Quem que faz essa aproximação?**

MANOEL: Eu acho que foi a cientista social Silvia Ramos. Ela me sugeriu que eu o procurasse, já que Zuenir estava escrevendo um livro sobre favela, e eu estava envolvido com o Favela-Bairro e com o funk. Ela fez a ponte, e eu falei com a Mary, sua mãe, que administrava a agenda do seu pai. Nós nos encontramos em uma pizzaria na Praça Nossa Senhora da Paz, em Ipanema – Zuenir escoltado pela Mary, e eu, pela Kátia, nossas respectivas memórias auxiliares. Foi então que Zuenir comentou que estava fazendo um trabalho de reportagem em Vigário Geral, porque havia apurado que o "arrastão" do Arpoador havia sido protagonizado por uma galera da favela. Eu já estava querendo ir lá conhecer a rapaziada. Aí, nós fomos juntos, e eu descobri que, na listagem da prefeitura para o Favela-Bairro, constavam as duas favelas – Vigário e Lucas. Então, aproveitei os contatos que fizemos e passei a ouvir as pessoas, a conhecer as suas demandas. Uma delas era o pedido de construção de uma saída independente de Vigário, para evitar passar por Lucas, sob domínio de outro comando. A ideia era construir um viaduto que passasse por cima da linha férrea e descesse na Rua Bulhões Marcial. Eu acabei conseguindo fazer essa obra vultosa, que ganhou o nome do Sr. Nahildo, figura lendária da favela, por suas lutas por melhorias e por acolher lideranças perseguidas pela ditadura militar.

ISABELLA **No capítulo "O Frenético Ritmo da Paz", Zuenir fala de sua participação no Baile da União, que pretendia selar a paz entre as galeras de Vigário Geral e de Parada de Lucas para evitar novas confusões na praia. Na mesma época, a Polícia Militar divulgou que havia tomado o controle da situação no Arpoador. Mas Zuenir revela que foi o traficante Flávio Negão quem ordenou o fim das brigas dos grupos.**

MANOEL A polícia não teve nada a ver com isso. O Flávio Negão, que era de Vigário, segurou a rapaziada da favela, na moral. Enquanto isso, o Robertinho de Lucas chegou a usar a palmatória com os garotos, proibindo que fossem à praia. Como compensação, construiu um parque aquático na favela, que, se não me engano, está lá até hoje, com escorrega e um piscinão. Ele deu uma alternativa para a juventude lá da favela dele.

ISABELLA E essa presença de vocês nesse baile? Sua e de Zuenir.

MANOEL Zuenir, a essas alturas, era um ícone na favela. Todo mundo conhecia o "coroa". Esse baile foi uma reprodução deste milagre aqui, retratado nessa edição especial deste jornalzinho que eu fiz na época do Favela-Bairro. Eu tinha um amigo, Alberto Ahmed, dono do jornal *O Povo*, que era um jornal bem popular, mais radical do que *O Dia*. Olha a quantidade de gente que tem aqui *(Manoel mostra o exemplar do jornal)*. Gente de Vigário Geral e de Parada de Lucas, juntos para assistir à apresentação final do plano de urbanização das duas favelas. O jornal havia sido distribuído, e essa era uma reunião para decidir questões do Favela-Bairro que estavam desenhadas aqui nessa planta e nas perspectivas. Tinha ainda entrevistas com personalidades locais. Foi uma ideia para mobilizar as pessoas, e o baile foi uma continuação disso. Só que aqui nessa foto tem várias gerações e, no baile, era só a juventude, a juventude que tinha saído na porrada no Arpoador. No baile, foi uma coisa negociada. Eu fui lá procurar a rapaziada de Lucas. Encontrei o Wagner, que era boa gente pra caramba, mas que era uma fera brigando. Negociei com ele e disse que iria levar o Marlboro, a Furacão 2000 e o Abdullah, um cantor de funk, e outras estrelas do mundo funk. E essa era a minha moeda de troca para não ter conflito, mas quase teve. O pessoal de Lucas convidou a galera da Cidade Alta, que não tinha participado da negociação. Olha a banana em que eu estava metido. Lá pelas tantas, o Marlboro passou por mim e disse: "Olha, tá tendo trenzinho, isso vai terminar em briga". Subi no palco e fiquei olhando, conferindo a movimentação. Então, me disseram que "o cara" queria falar comigo. Eu fui lá atrás de uma arquibancada, e um homem pequenininho, com um ar muito agressivo, mandou que eu avisasse: "Se tiver porrada, eu vou cobrar, dos dois lados". Era o Flávio Negão, que estava cobrando de mim, que organizei o baile. Voltei ao palco, falei uns palavrões, lembrei a combinação que havíamos feito, chamei o Wagner à responsabilidade, e o pessoal amansou. Por volta de uma e meia da manhã, acompanhados pela Rose, que trabalhava comigo na Casa da Paz, eu e Zuenir fomos embora, e o baile continuou em segurança instável. Quem articulou tudo isso foi o Nahildo, por Vigário, e o Ari da Ilha.

ISABELLA **O presidente da Associação de Moradores de Parada de Lucas?**

MANOEL Sim. Ele, Nahildo e seu Lins *(presidente formal de Vigário)* conduziram os entendimentos com os respectivos donos das duas favelas rivais e conseguiram viabilizar o baile. É claro que o Ari teve um papel mais fundamental. Na hora em que a confusão se anunciava, ele subiu no palco, depois de mim, e disse: "Meninada, olha que papai pode ficar zangado e dar palmada no bumbum de vocês". A ameaça das palmadas foi definitiva.

ISABELLA **O Favela-Bairro foi criado em 1994?**

MANOEL Na verdade, a equipe que trabalhava com urbanização de favela era anterior a essa data. Eles tinham a experiência do mutirão comunitário e, depois, do mutirão remunerado, que empregava os moradores das favelas para construir uma infraestrutura básica.

ISABELLA **Isso aconteceu no mandato do Sérgio Magalhães na Secretaria Municipal de Habitação?**

MANOEL Sim, e o Cesar Maia como prefeito. Depois o Luiz Paulo Conde deu continuidade. A Secretaria Municipal de Habitação foi criada para implantar o Favela-Bairro, que foi pioneiro no Brasil, e, eu acho, na América do Sul toda, servindo de exemplo para outros lugares, que o reproduziram.

MAURO **Serrinha foi a primeira contemplada pelo Favela-Bairro?**

MANOEL Foi da primeira leva, entre as 11 contempladas. Mas aí tinha de tudo, porque, como não tinha metodologia, cada um fazia de um jeito. Tinha gente que achava que devia derrubar tudo e fazer uns predinhos, para transferir o pessoal. E eu achava que não, achava que aquele espaço tinha sido construído por gerações e que, por isso, acabava tendo significados simbólicos, além dos físicos. Criava pontos de encontro e fluxos, onde o comércio se instalava e era fruto da poupança daquelas pessoas. Aquilo precisava ser preservado, porque fazia parte da vivência daquele pessoal. Por exemplo, no Dona Marta, que tem subida em zigue-zague. Eu me lembro das casas na beira da subida, onde as pessoas mantinham as portas abertas. Aquele zigue-zague de escadaria era uma espécie de rádio comunitária, operada pelos passantes. As notícias circulavam dentro da sala das pessoas que estavam lá, com um calor danado, a janela e a porta abertas recebendo as notícias: "A polícia está lá embaixo"; "Pegaram o fulano"; ou ainda "Vai ter ensaio da escola no sábado". Então, a minha linha de trabalho era muito a de preservar essa relação sociedade e espaço construído.

MAURO Você acha que a regularização fundiária, a titularidade, funcionaria ainda hoje com essa configuração territorial do Rio, que, na favela, envolve a milícia e o tráfico?

MANOEL Eu acho que são dois pontos. Quando se faz pesquisa nas favelas, a regularização fundiária aparece em sexto lugar como demanda. O que eles querem é a segurança da não remoção, que é outra coisa. A Raquel Rolnik, urbanista de São Paulo, diz que a regularização fundiária, com RGI (Registro Geral de Imóveis), é uma jogada para viabilizar o mercado de hipotecas entre os pobres. Porque, uma vez que você tem a propriedade regularizada, você pode hipotecar e partir para o consumo. A pessoa pode se endividar dando o imóvel como garantia, mas corre-se o risco de repetir o fenômeno de 2013 nos Estados Unidos, em que as pessoas faziam dupla hipoteca, e vários bancos quebraram, com repercussão mundial, por conta da comercialização de papéis representativos dessas dívidas nos mercados. O cientista social Pedro Abramo diz que a regularização fundiária pura e simples viabiliza a gentrificação, porque aí a pessoa pode entrar no comércio imobiliário formal. O economista e político peruano Hernando De Soto chegou a atribuir a queda da criminalidade em Medellín à regularização fundiária dos "tugúrios", porque dizia que foi o capital adormecido que passou a operar nos mercados, esquecendo-se de que o Pablo Escobar havia morrido e que o tráfico passou para Cali, na zona cafeeira. Ele denominava de "capital adormecido" o capital fixo representado pelas casas ilegais construídas pelos mais pobres, que poderia ser desperto na medida em que fosse regularizado. O galo canta, o sol nasce, mas não é que o sol nasce porque o galo canta. De Soto explora essa falácia através de uma série de entidades em rede que vendem essa ideia em toda a América Latina.

ISABELLA E como está hoje esse primeiro projeto do Favela-Bairro, que foi realizado na Serrinha?

MANOEL Muito triste, porque nunca houve um compromisso com a conservação das obras. A Serrinha cresceu ao deus-dará, sem nenhuma fiscalização ou manutenção. O funicular, o bondinho, como eles dizem, nunca operou direito. Roubaram tudo, os trilhos inclusive, e foram construídas casas nas estações. Uma tristeza. Mas a população sabe da importância do Favela-Bairro, porque tem abastecimento de água, esgotamento sanitário, obras de contenção em sítios instáveis, tem os lugares de encontro, porque a gente transformou a rua em frente à favela numa passarela de encontros, de roda de samba, de barzinhos. A gente fez um anfiteatro, também, na escola que fica na Praça Barbosa de Oliveira. Pusemos a Serrinha na mídia atraindo visitantes ilustres – Zuenir, Cacá Diegues, o sociólogo espanhol Manuel Castells, o ministro da Habitação de Angola, da época, o escritor Jon Lee Anderson *(biógrafo de Che Guevara)*. O Amir Haddad levou lá o grupo Tá na Rua e fez um barulho danado. Nós fomos para o alto do morro, e eles desceram batucando e cantando. Quando eu olhei para cima, as pessoas estavam nas lajes, todo mundo dançando com bandeiras nas mãos.

ISABELLA O Favela-Bairro era uma política pública que não teve prosseguimento?

MANOEL É, eles tentaram dar um passo adiante com o programa Morar Carioca, que já incluía os complexos de favelas, as grandes favelas, e que se preocupava com a relação desses espaços com a cidade, mas que não foi adiante. Inclusive, eu ganhei o maior projeto desse programa e fiz uma parceria com uma empresa. Assinamos contrato, mas a SMH acabou por não emitir a ordem de serviço, e nós ficamos no prejuízo. Foi a época da Olimpíada, e o dinheiro todo da Prefeitura foi alocado para a infraestrutura do evento.

MAURO Mas hoje um projeto como o Favela-Bairro, no Rio de Janeiro, é viável?

MANOEL Eu acho que sim. Mais do que viável, é necessário, até mesmo fundamental.

MAURO Mesmo com milícia?

MANOEL Tudo é uma questão de se negociar. Você tem que ter consciência de que a favela é um território que tem um duplo domínio – a milícia e o tráfico. A propósito, chamar a favela de comunidade é uma bobagem sociológica. Numa favela, tem dezenas de comunidades, algumas até antagônicas. Voltando à questão das facções e das milícias, de qualquer forma, elas têm muita força porque são quem comanda ali, são quem manda, são os donos do morro e não querem inimizade com a população. Então, é muito plausível haver uma negociação para não interferirem nas decisões que realmente interessem às pessoas que moram ali. Eu não vejo como um problema intransponível. Pode ser até que venham pedir algo a quem comanda o projeto. Não digo fazer um monumento à Bíblia, mas construir um predinho para atender a uma demanda específica. Pode ser que aconteça esse tipo de coisa, mas a questão é que é pior decidir por não continuar a fazer a infraestrutura do lugar. Enquanto a sociedade não se livrar da corrupção, e o Estado não agir com determinação, o jogo será sempre esse.

ROBERTO Essa questão que envolve tráfico, milícia, os neopentecostais, misturando tudo, parece muito mais complexa.

MANOEL Eu tenho andado pelo Complexo de Israel, que reúne várias favelas. Tem bandeira de Israel e Jesus de um lado e o "pau comendo" do outro. Não tem uma lógica nesses relacionamentos. É muito complicado isso, e eu acho que essa complicação toda tem por base a ignorância, a falta de conhecimento e de apoio ao desenvolvimento do capital cultural. Então, as pessoas misturam qualquer coisa: água com óleo, a bandeira de Israel com Jesus Cristo e com violência.

LUCIANO Eu sou do Vidigal e me lembro muito bem do Favela-Bairro e de um filme que eu vi do Luis Buñuel chamado *Os esquecidos*, que se passava numa ilha. Quando fui morar no Vidigal, percebi o quanto a população sentia a ausência do governo, de questões básicas, como a de saneamento. A partir de suas experiências, nessa tentativa de humanizar essa ausência

histórica do governo nas favelas, o que você percebeu de problemas e de potências?

MANOEL Vou dar um palpite sobre a sua área. Se eu estiver errado, por favor, me diga. Vidigal é um caso muito particular, porque diminuiu a população e aumentou a área construída. Então, essa conta não fecha. Acho que o asfalto chegou ao Vidigal, o mercado chegou ao Vidigal. O que foi construído de pousadas que geraram emprego! Digo que é um caso muito particular, porque o Vidigal manteve a forma "favela", mas virou o "asfalto" de uma certa maneira. Isso, do ponto de vista da economia local, foi muito interessante. As pessoas pararam de ir buscar dinheiro na cidade formal e trazer para a favela para consumir nas vendinhas dali. O dinheiro passou a ser produzido lá dentro mesmo. Eu estou certo nessa observação?

LUCIANO **Eu acho que tem as duas coisas. Tem essa visão da favela, a "favela gourmet", a favela "Nutella", mas, ao mesmo tempo, ainda tem pessoas que moram em situações precárias. Então, há uma contradição, e o Vidigal tem três classes mesmo: a alta, a média alta e a pobre, que não se misturam ali.**

MANOEL Todas as favelas têm isso que você descreveu, porque a favela reproduz de forma homóloga o arco social da cidade formal. Tem o cara estribado, bem de vida, que tem 15 quitinetes para alugar, uma loja de material de construção, caminhão de entrega, e tem o miserável que mora lá no canto, no final da favela, num barraco, e dorme em cima de papelão de caixa que ele pega no armazém. Esse negócio tem em todas as favelas, sobretudo nas favelas centrais. Mas as favelas centrais, como o Vidigal, na minha opinião, são plataformas de ascensão social. Ali as pessoas melhoram de vida. Estou estudando isso na minha tese. Depois de velho, eu resolvi fazer um doutorado.

ISABELLA **Onde e em que campo de pesquisa?**

MANOEL No Ippur, Instituto de Pesquisas e Planejamento Urbano e Regional da UFRJ. O meu recorte são as favelas centrais, ou sobre eixos de transporte, sob uma hipótese de que elas são plataformas de ascensão social. Durante 35 anos de vivência nas favelas cariocas, acompanhei as melhorias físicas das casas e o consumo de eletrodomésticos. Eu acompanhei essa ascensão na área do consumo, e também na área cultural. Na minha turma de doutorado tem, pelo menos, quatro mulheres negras, sendo duas que moram em favela. A favela pode ser isso. Pode ser plataforma de ascensão social se a gente der uma ajeitada na questão da saúde pública: água, esgoto, posto de saúde, escola, por exemplo. Isso tudo, eu considero saúde pública. O saber e as infraestruturas dão suporte ao desenvolvimento das pessoas. Eu acredito que vai dar certo mesmo com as presenças do tráfico e da milícia.

ISABELLA **O Zuenir comentou, na entrevista que abre este livro, que era muito "patrulhado" pelos colegas jornalistas porque conviveu com, e escutou, um traficante. Você sofreu isso também?**

MANOEL Eu queria fazer uma observação sobre uma certa resistência que o meio acadêmico teve com relação ao título do livro *Cidade partida*. Não é nem ao livro, é ao título mesmo, argumentando que a cidade não é partida porque a favela é integrada à cidade do ponto de vista social, econômico, cultural, só que de forma perversa, de forma injusta. A palavra "integração" dá margem a muita coisa. A favela faz parte do modo de produção das cidades capitalistas, mas é preciso dar um mínimo de infraestrutura. Começar a saldar essa enorme dívida social. Digo "mínimo" com o coração apertado. É preciso dar infraestrutura, é preciso dar acesso à educação. Eu tenho visto que, nos cursos de mestrado e doutorado, a galera está chegando, e são muitas as mulheres negras. Como se fosse uma busca pelo acesso ao saber que as classes privilegiadas têm, para criar oportunidades.

ISABELLA **Que projeto você gostaria de desenhar para a cidade hoje?**

MANOEL Em primeiro lugar, é preciso dizer que, infelizmente, quem desenha a cidade é a mão invisível do mercado. Mas, na impossibilidade de ir à raiz da questão – que seria mudar o sistema de produção e consumo, que tem a obsolescência planejada, que consome absurdamente as matérias-primas, que gera quantidades enormes de lixo, que alija as pessoas que não têm dinheiro para comprar uma localização conveniente na cidade, alimentos, saúde –, na impossibilidade disso, eu acho que a gente tem que criar condições de valorizar as potências dos lugares onde essas pessoas vivem. Criar lugares que deem espaço para essas potências se exercerem e replicarem e para modificarem os espaços e as relações com a sociedade como um todo. Eu acho que o sonho é esse, e não é uma utopia no seu entendimento generalizado. Para mim, utopia é aquilo que ainda não foi feito e que encontra dificuldades, mas que é preciso correr atrás.

LUCIANO Você falou sobre a questão, muito importante, do significado de "pertencer", o ser pertencente a um lugar. E sobre mídia. Essa imagem do "arrastão" é um ícone para quem é jovem preto e quer ir à praia, que é um espaço democrático. Essa cidade partida sobre a qual você falou - em que a favela pertence à cidade e, ao mesmo tempo, tem uma vilania midiática que não deixa a gente pertencer - cria um estigma de que o preto, jovem, favelado é o preto que faz parte daquele "arrastão", daquela imagem. Você não acha que a mídia realmente tem uma culpa em tirar o nosso pertencimento também à cidade, que é um lugar democrático?

MANOEL Isso é delicado. Outro dia, eu estava num ônibus e tinha uma mulher sentada com o celular num daqueles pontos que têm uma cobertura. O cara parou o ônibus e começou a gritar com ela: "O celular, celular". Eu não entendi. Aí, eu olhei para trás e vinha uma galera, inclusive com umas meninas. Tomaram o celular dela e ainda ficaram ameaçando o motorista, porque ele tinha tentado avisar. Então, o estigma e a fama que se atribuem a essas pessoas que moram na periferia, que vêm no sábado à praia e que gastam a grana na cerveja e têm que dar um bote em alguém para arranjar o dinheiro para voltar para casa, para a periferia, essas coisas existem, mas elas são vinculadas ao próprio estigma, à própria falta de oportunidade na periferia. Você viu o que eu contei de que o Robertinho de Lucas fez um parque aquático? Não vão à praia porque eu dou para vocês a praia aqui dentro. Não é isso, não é multiplicar o

Piscinão de Ramos. É dar educação, saúde, possibilidade de gerar renda, para que possam frequentar os lugares legais desta cidade como direito. Mas isso é um processo. Se a gente não dá as condições básicas, não pode exigir os comportamentos básicos, porque os caras não têm condições de desenvolver aquela cultura do relacionamento, do "não joga lixo no chão", enfim. É uma situação em que as duas coisas estão ligadas. Se a gente não dá condições, não deve reclamar das consequências.

ISABELLA **É interessante observar como Zuenir, você e Rubem César ficam emocionados ao falarem da época que o livro retrata.**

MANOEL É porque nessa época nós estávamos imbuídos de uma "missão": revelar à cidade as iniquidades que ela abrigava. Para mim, essa época se estendeu até hoje. Não se encerrou. Eu continuo trabalhando em favelas. É o meu dia a dia. No ano passado estive trabalhando numa pesquisa na Cova da Moura, uma favela da Área Metropolitana de Lisboa, Portugal, convidado pelo ISCTE – Instituto Universitário de Lisboa. Ainda agora estou trabalhando na minha tese de doutorado no Ippur, estudando as favelas. Eu sou o mais velho doutorando da história da UFRJ. Ninguém quer mais fazer doutorado aos 82 anos.

RUBEM CÉSAR FERNANDES

"O RIO TEM QUE SER UM SÓ" é o título do capítulo 2, em que Zuenir escreve sobre os bastidores das reuniões que deram início à mobilização liderada por empresários da mídia carioca que criaria uma das principais ONGs – organizações não governamentais –, o Viva Rio. Walter de Mattos, então diretor do jornal *O Dia*, convidou o sociólogo Herbert de Souza, o Betinho, para compor o grupo que iria pensar em uma campanha contra a violência na cidade, ressaltando o sucesso do movimento contra a fome liderado por ele. E foi Betinho quem "prometeu levar o antropólogo Rubem César Fernandes", então diretor do Iser (Instituto de Estudos da Religião), à primeira reunião. Pouco tempo depois, ele assumiria a presidência do Viva Rio. E, segundo Zuenir, passaria de "representante de todas as religiões a ombudsman da cidade".

Rubem César hoje se diz um "empresário social", é dirigente ativo do Viva Rio e presidente de um clube de futebol com as marcas ESG (ambiental, social e governança, da sigla em inglês) chamado Academia Pérolas Negras. Mora em Maricá, em frente ao Lago das Amendoeiras, e vive na estrada entre Maricá, Rio e Resende. É casado com Cibele e pai de três filhos "que, modéstia à parte, são maravilhosos", como afirma.

MAURO **Que Rio de Janeiro era aquele de 1993, para que fosse preciso criar uma organização chamada Viva Rio que pudesse se contrapor ao que existia naquele momento? Que Rubem César era aquele e como nasceu esse movimento?**

RUBEM CÉSAR Acho que era uma terça-feira quando o Betinho me ligou dizendo: Olha, tem uma reunião na quinta em que vão estar o Walter de Mattos, que era o diretor de *O Dia*, jornal que, naquela época, tinha sido renovado; o Kiko Brito, do *Jornal do Brasil*, o jornal da intelectualidade, do Caderno B, e o João Roberto Marinho, das

Organizações Globo. Eu falei: "Cara, isso não existe. Que reunião é essa?". "É por causa dessa violência", ele disse. Tinham acontecido as chacinas da Candelária, em julho, e de Vigário Geral, em agosto. Uma sucessão de tragédias que acabou por provocar essa reunião. O Walter de Mattos havia montado uma editoria em seu jornal para fazer uma campanha que fosse uma resposta à violência, mas a equipe dele achou que isso era grande demais para um jornal só e que envolvia toda a cidade. O Walter então ligou para o Betinho, que já tinha começado a Campanha contra a Fome. E os dois combinaram de organizar uma reunião, convidando algumas pessoas. O encontro aconteceu no fim de agosto e tinha umas 40 pessoas presentes, entre empresários da Firjan e da Associação Comercial, os três principais executivos da mídia do Rio e alguns publicitários. Do lado do Betinho, convidamos outras pessoas, como o Itamar Silva, liderança do Morro Santa Marta, o Miguel Darcy, do Idac (Instituto de Ação Cultural), o Jairo Coutinho, liderança do PT e presidente do Sindicato dos Médicos, o Carlos Manuel, que era da CUT e presidente do Sindicato dos Estaleiros da Indústria Naval. Estavam ainda personagens dos esportes, da universidade e da literatura, como o Zuenir, que chegou na sequência. Era uma reunião inusitada, porque as pessoas não se conheciam. Em reuniões desse tipo, as pessoas têm alguma coisa em comum. Ali havia uma experiência nova.

MAURO Por que o Betinho o chamou? O que você fazia naquele momento?

RUBEM CÉSAR A gente era muito próximo. Por exemplo, eu era presidente do Ibase, o Instituto Brasileiro de Análises Sociais e Econômicas, que havia sido fundado pelo Betinho. Quando ele me convidou, falei que aceitava com a condição de não ter que ir a nenhuma reunião. Ele brincou: "É o presidente que eu estou buscando". A gente tinha uma relação anterior, mesmo antes do Golpe de 64, dos tempos de UNE e da esquerda cristã, ele na JUC (Juventude Universitária Católica) e eu na ACA (Associação Cristã de Acadêmicos), organização protestante. Ele era um pouco mais velho do que eu. Mais tarde, a gente se comunicou no exílio. Eu e uns colegas, como Pedro Celso Uchôa Cavalcante e Marcos Arruda, fizemos entrevista com Betinho quando ele estava no Canadá, para um livro que publicamos em Portugal chamado *Memórias do exílio*. O depoimento do Betinho foi especial, pelos detalhes, pelo drama, pelo humor autocrítico. Bom de ler. Então, já tínhamos uma relação. Quando ele voltou ao Brasil, a gente teve umas conversas sobre se iríamos para a política ou não. Tanto ele como eu decidimos por um caminho alternativo, pelos meios da sociedade civil. Eu já estava no Iser (Instituto de Estudos da Religião) e queria trabalhar não só em pesquisa, mas também numa militância com temas como a tolerância frente às diferenças de religião, de raça e de gênero. O Betinho, por sua vez, decidiu criar uma nova organização, que veio a ser o Ibase e que deu origem à Ação da Cidadania. Juntos criamos uma outra, a Rits, Rede de Internet do Terceiro Setor, com a liderança do Carlos Afonso, que chegou cheio de novidades sobre as novas tecnologias. Ele era próximo do Betinho desde o exílio no Canadá. Em uma reunião, em 1985, organizada pelo Waldo César no Iser, nos perguntamos como iríamos chamar o que estávamos fazendo. Estávamos criando um novo tipo de organização, que não era mais a beneficência, a caridade nem a militância político-partidária. Era um negócio novo, mas que não tinha um nome próprio. E começou a discussão sobre se iríamos chamar de ONG, sigla estranha. Eu era um defensor da estranheza do nome ONG justamente pela novidade que representava, e acabamos aprovando. Era uma forma de voltar a fazer algum tipo de política, mas não por meio dos partidos políticos, e sim da sociedade civil. Depois chegamos a "Terceiro Setor". Eu escrevi um bom bocado sobre isso.

ISABELLA O Zuenir escreve no livro *Cidade partida* que, talvez, o seu trabalho político mais relevante naquele momento tenha sido o de acreditar que poderia unir essas forças contra a violência.

RUBEM CÉSAR Não diria bem assim. Nem eu nem ninguém teria a capacidade de unir forças tão diferentes. A união simplesmente aconteceu. O Viva Rio, de fato, é uma coisa que aconteceu, como um evento novo. Essa primeira reunião acabou sendo convocada por figuras diversas que geraram esse grupo heterogêneo que não era uma assembleia, e não tinha nada que nos unisse *a priori*. Tinha gente de Santa Cruz, da Zona Sul, de favela, de sindicato, da CUT, da Firjan, conservadores e progressistas. Era plural num sentido profundo. Na mentalidade ideológica da época, ainda herdeira da Guerra Fria, isso não fazia sentido. A querida amiga Regina Novaes, antropóloga de qualidade, chegou a escrever na época que o Viva Rio era uma organização sociologicamente inviável. O fato é que aquela reunião provocou o pessoal, os encontros foram se repetindo, e o interesse foi crescendo. O ambiente do Rio era de muita depressão, pelas perdas da capital e do capital, perdas que se manifestavam na violência. Parecia que não podia ser pior, que estávamos no fundo do poço. Circulava a imagem do balneário em decadência. A ideia de "Viva Rio" foi uma resposta provocadora a esse clima deprê. Reafirmar a beleza da cidade, dar um viva às capacidades do Rio. Superar a tendência negativa.

ISABELLA E qual era a sua percepção sobre o Rio?

RUBEM CÉSAR Um sentimento de crise, como todo mundo. Mas eu adoro uma novidade, uma coisa diferente. Pensava que entrávamos num momento pós-Guerra Fria. Falava-se de "pós-moderno", com otimismo. Eu vivi o exílio, primeiro na Polônia, em 1965, porque eu era comunista. Consegui visto para a Polônia que não era estampado no passaporte, e o próprio passaporte foi produzido como se fosse morador de São Paulo. Mas, na Polônia, vivendo o dia a dia universitário de lá, eu acabei me aproximando do pessoal que fazia oposição ao regime comunista. Era o pessoal que mais tarde viria a criar o movimento Solidariedade. Acabei saindo fugido, escondido, de lá. Minha tese de doutorado foi sobre o pensamento polonês filosófico do pós-guerra, que era justamente um pensamento revisionista e pós-marxista. Eu já não acreditava nessas ideias de direita e esquerda. Eu queria uma coisa além disso. Eu estava com essa cabeça. Então, quando eu vi aquele grupo reunido, eu vi uma coisa interessante. Eu acreditei no potencial daquilo. Eu acho que o Zuenir, ao chamar o livro de *Cidade partida*, marcou essa mudança de chave conceitual. A ideia da cidade partida sugeria que era preciso unir a cidade, integrar a cidade e a sociedade. A ideia da integração, para além (ou aquém) da luta de classes, está na origem implícita do Viva Rio. Depois de integração, passamos a falar mais de "inclusão". E havia ainda uma outra dimensão, a coisa da alegria, do "viva", do Rio de Janeiro que é alegre, que gosta de samba, enquanto que as tendências da esquerda eram sisudas, reclamonas. A gente pensou: "Não vamos reclamar. Este não é um movimento para reclamar, é para construir caminhos novos". Uma ideia de alegria, de positividade que o Zuenir também captou.

ISABELLA Ele cita o seu papel no convencimento às pessoas para se sentarem juntas, mesmo sendo de lados opostos, incluindo representantes do governo.

RUBEM CÉSAR Não era convencer. Aconteceu, entendeu? As pessoas gostaram, porque essa turma não era uma turma qualquer. Tinha o João Roberto, o Kiko Brito, o presidente da Firjan, Arthur João Donato, e dirigentes sindicais e de favela. Essa turma ficou se reunindo semanalmente para conversar sobre o que a gente poderia fazer junto. Eu acho que o grupo se deixou cativar por um sentido positivo, em que não havia espaço nem apreço ou paciência para a discussão ideológica.

MAURO Mas, a partir dessas conversas, vocês foram para uma ação mais concreta.

RUBEM CÉSAR Tinha essa preocupação. No seminário de fundação se discutiu como responder a duas perguntas. A primeira: o que poderia ser feito para começar as mudanças e de imediato. E a segunda, sobre como é que nós, que não éramos governo e que éramos da sociedade, poderíamos ajudar e participar. Foram três dias de seminário e houve larga cobertura da imprensa. E nesse seminário teve uma fala que foi central, do Nazareth Cerqueira, que era o comandante geral da Polícia Militar. Um negão bonito, alto, jogador de basquete, que foi assassinado mais tarde e que foi um grande inovador no mundo da Polícia Militar. Na história da polícia brasileira, Nazareth é um capítulo à parte que precisa ser recuperado. Dele nasceram as lideranças que vieram a conceber e a trabalhar nas UPPs (Unidades de Polícia Pacificadora), aquele momento de brilho da polícia do Rio de Janeiro. Ele apresentou no seminário a ideia do policiamento comunitário, já praticado nos Estados Unidos e em outras partes. Falou de Israel e do Japão. O foco no problema da violência e na busca de soluções nos aproximou da polícia em sua versão reformadora, à moda do Nazareth Cerqueira. É uma relação fundadora, desde as primeiras reflexões, que dura até hoje apesar dos altos e baixos nas políticas de segurança desde então. É marca diferenciadora do Viva Rio, manifesta inclusive no nosso relacionamento com as Forças Armadas no Haiti. Por outro lado, em contraponto, estivemos sempre no interior de situações conflagradas, com presença forte da bandidagem nos territórios. Não do relacionamento com os bandidos propriamente, mas da convivência num ambiente onde se apresentam às claras. Como regra, não lidamos diretamente com os "donos" do pedaço, mas, sim, com lideranças comunitárias que lidam com eles cotidianamente, até mesmo por falta de alternativa. O Zuenir abordou essa ambivalência entre as polícias e os bandidos em nossos inícios, que nos é familiar até hoje.

MAURO E quais foram os passos seguintes?

RUBEM CÉSAR Fizemos duas coisas. A primeira foi pedir a uma agência para inventar um nome para o que a gente estava querendo fazer. A segunda foi marcar uma data para isso acontecer. Teve uma conversa minha com o publicitário Lula Vieira, e ele citou Israel, onde há aquele momento de silêncio em lembrança do Holocausto. Uma coisa muito forte. A sociedade faz silêncio. E resolvemos fazer isso, com a ideia de "dar um tempo para o Rio, de se ter dois minutos de silêncio para pensar sobre o que estamos fazendo com a nossa cidade". A pretensão, muito ousada, era de a sociedade toda fazer silêncio. No grupo, tinha o Péricles de Barros, produtor de *O Globo*, e a Célia Menezes, de *O Dia*, que conseguiram organizar uma campanha que mobilizou realmente a cidade inteira. Surgiu o "Dois minutos de silêncio". Aí, a gente marcou o que, modéstia à parte, foi invenção minha. Eu era fã de *High Noon* (*Matar ou morrer*), o filme faroeste. Então, eu dizia que tinha que ser ao meio-dia, que é a hora da decisão. Também era bom porque é a hora do Angelus, em uma sexta-feira, um dia forte, o dia da "macumba mais poderosa". E fizemos esse momento de silêncio pelo Rio, que foi uma loucura.

A Bolsa de Valores parou, o bondinho do Pão de Açúcar parou, o trânsito parou, a cidade inteira foi parando. E foi uma campanha que teve a participação de todas as forças de mídia daquele tempo.

ROBERTO Qual a repercussão disso, logo depois?

RUBEM CÉSAR Foi incrível. E teve um terceiro momento, após o seminário e o dia do silêncio. No sábado, vieram as orações pelo Rio. A ideia foi ter, em cada espaço do Centro do Rio, uma tradição religiosa para se expressar. Aí começou aquele quebra-cabeça de onde colocar cada tradição. Pentecostais, é claro, iriam ficar na Cinelândia. Falam alto. O palco é pentecostal. Candomblé é luz, então colocamos no pátio do Museu de Arte Moderna. Formou-se uma roda de uns 80 babalorixás e ialorixás. O pessoal da umbanda, que valoriza a praia e o mar, ficou na beira da Enseada de Botafogo. O pessoal do Aquarius, toda a turma espiritualista, se distribuiu pelos cantos de árvores do Aterro do Flamengo. Você caminhava ao redor dos grupos de sua escolha. E assim fomos distribuindo. Os judeus, por sugestão do rabino Nilton Bonder, ficaram num espaço fechado, não muito visível, na Cinemateca do MAM. O Nilton propôs o seguinte: uma tradição medieval dizia que, quando havia um problema muito difícil, quase insolúvel, o rabino reunia a comunidade e botava para dormir com o objetivo de sonharem juntos. Buscar um caminho de superação no sonho. Havia, porém, uma questão delicada sobre onde colocar a Igreja Católica, que evidentemente não poderia ser simplesmente posta como uma entre as outras. Fomos a Dom Eugenio Sales, arcebispo do Rio, contamos a ideia do evento e o convidamos para orar pela cidade do alto do Cristo Redentor. Com isso, ele recobriria toda a cidade e suas diversidades com uma prece católica, como se fosse coberta pelo manto de Maria. Ele gostou da ideia, ficou lá em cima com a mídia, fazendo a sua homilia pelo Rio de Janeiro. A turma laica da Igreja Católica tinha uma forte relação com as comunidades de base, de uma igreja militante, e não gostou dessa história de sair da planície e se postar no cume da montanha. Então, um grupo de leigos formou um terço humano ao redor da estátua de São Sebastião ali na Glória. Fizeram um minievento bem popular, bem Lapa, e o Dom Eugenio lá em cima. Esse dia de orações pelo Rio tinha a cara do Viva Rio nascente. Crenças diversas em orações diversas, por um objetivo comum, sem negar nem ocultar as suas diferenças. As diferenças existem e são importantes, por vezes profundas, mas isso não impede que orem por um objetivo comum. Cada um no seu canto, mas orando por um fim desejado, lá na frente, que a gente não enxergava ainda, mas que pela fé afirmava a sua existência. Então, os três momentos foram esses. Da reflexão sobre o que fazer, da manifestação em forma de silêncio e das orações.

ISABELLA **O Zuenir cita no livro, em alguns capítulos, essa segmentação da cidade, um distanciamento do governo para as necessidades dos moradores da favela. Como era essa relação com os governos?**

RUBEM CÉSAR O prefeito Cesar Maia não gostava da gente. Inclusive, teve um momento interessante num encontro entre nós. O Conselho do Viva Rio foi ao prefeito em busca de um diálogo. Ele vinha batendo, falando mal do Viva Rio. Dizia que éramos um pessoal Zona Sul, que não ia além do Túnel Rebouças. Respondemos que isso não era verdade, que estávamos na cidade inteira e trabalhando direito. Ele retrucou irônico: "...e, quanto melhor fazem, mais enciumado eu fico!" Figura! Fato é que a gente tinha muita visibilidade por conta de nossa presença na mídia.

ISABELLA **O poder público com receio das organizações não governamentais?**

RUBEM CÉSAR É, foi realmente *over*. A gente teve, nos primeiros dez anos de Viva Rio, quatro minutos de TV por dia, em média. Éramos muito presentes, viramos referência para falar das pautas da cidade. A prefeitura ficava incomodada. De repente, havia a presença pública de um movimento que não tinha que arcar com as obrigações das políticas públicas e que entrava em cena com críticas e com ideias de soluções, com o apreço das mídias. Eu acho que isso incomodou os governantes em geral.

ISABELLA **Você acha que o Viva Rio atuou em um momento em que havia muita omissão do poder público?**

RUBEM CÉSAR Não é bem assim. Eu acho que o Cesar Maia foi um bom prefeito; ele gerou uma linhagem de gestão da cidade que é respeitável. Cesar Maia, Luiz Paulo Conde e, depois, Eduardo Paes são uma linhagem que é um luxo. Sem comparação com o que se passou com o Estado do Rio depois do Sérgio Cabral. Eu acho que diversos programas do Cesar Maia foram fundamentais para o Rio, tipo o Favela-Bairro e muitos outros. Sérgio Magalhães, secretário de Urbanismo, André Urani, secretário do Trabalho, são personagens criadores de nossa história. A gente interagiu muito com eles em várias situações. Mas a nossa exposição na mídia foi tão grande que chegava a ofuscar as ações de governo.

MAURO Nesses três "primeiros momentos" que você citou, a favela estava integrada nesse movimento? Já se pensava em ir além, combater a desigualdade e tentar encontrar pontes e caminhos?

RUBEM CÉSAR A fundação do Viva Rio, de fato, teve dois momentos: o primeiro foi este, de tomar a cidade como objeto numa frente ampla e diversificada, uma novidade nas narrativas dos movimentos sociais até então. Essa visão da cidade ganhou força. Mas havia uma aura de "Rio Maravilha" em nosso discurso inicial. O lançamento do Viva Rio foi lá no restaurante Porcão, no Aterro do Flamengo, e o momento da foto foi com o Pão de Açúcar ao fundo. Mas as primeiras ações atravessaram o Túnel Rebouças para chegar à Zona Norte. Teve a Fábrica da Esperança, em Acari, com o pastor Caio Fábio, e a Casa da Paz, em Vigário Geral, com o Caio Ferraz. Teve também o programa de Policiamento Comunitário em Copacabana. Isso foi em 1994, com projetos concretos. Em 1995, aconteceu uma segunda criação do Viva Rio, por assim dizer. Foi o movimento Reage Rio!, liderado pelo Viva Rio, em resposta a três sequestros acontecidos no mesmo dia. Foi divulgado com a promessa da superação da crise econômica e da violência no Rio. Evento que reforçava a tendência regeneradora proposta pelo Viva Rio. A campanha Reage Rio! tomou uma megadimensão, articulou-se com um novo chefe da Polícia Civil, figuraça, chamado Hélio Luz, que usou a ocasião para reabilitar a Delegacia Antissequestro. Além do sucesso policial, o Reage Rio! demonstrou a força mobilizadora do Viva Rio e nos aproximou dos movimentos de favela. Eduardo Eugênio confirmou a participação da Firjan no Conselho do Viva Rio e reforçou-o com as suas ações.

ISABELLA **O maior desafio, então, foram os governos na época? E como foi a relação com o então governador Nilo Batista?**

RUBEM CÉSAR O Nilo era parceiro, criou os CCDC (Centros Comunitários de Defesa da Cidadania), que nós apoiamos com entusiasmo. Abriu para nós arquivos que deram lugar a pesquisa de monta sobre as investigações de homicídios, sob a coordenação do Luiz Eduardo Soares. Mas eu acho que o Nilo também ficou um pouco enciumado com a repercussão midiática de nossas ações no campo da segurança, tradicionalmente restrita a órgãos de governo. A relação começou muito boa, mas azedou um pouco ao final.

ISABELLA **O que você acha que azedou?**

RUBEM CÉSAR É a mesma coisa, ciúmes. Olha, parece maluquice e é. Essa coisa da imagem pública e a gente entrando nos assuntos. Isso não era parte da nossa cultura, porque "público" no Brasil era sinônimo de governo. Então, a ideia de que organizações da sociedade têm contribuições efetivas, concretas, em relação às coisas públicas, isso não fazia parte do imaginário político. Isso mudou desde então, em certa medida. Não foi só por causa do Viva Rio, claro, mas, se teve algum resultado desse processo todo, foi justamente a abertura do espaço público à sociedade civil. Hoje é reconhecido que as organizações da sociedade estão em todo canto, em várias dimensões. Inclusive na direita.

MAURO **No livro, você é chamado de "poder moderador", "representante de todas as religiões", "ombudsman da cidade". Na época, quando você falou com a polícia, foi somente com o comandante Nazareth Cerqueira? Teve alguma outra iniciativa?**

RUBEM CÉSAR A gente trouxe o Nazareth para contribuir, e o próprio Nilo Batista participou do seminário, além de outras pessoas que trabalhavam com a questão da violência. A ideia era que pudessem falar sobre o que fazer e como a gente poderia ajudar. A fala que foi mais interessante foi a do Nazareth, sobre o policiamento comunitário. No início de 1994 fomos a ele para conversar sobre essa possibilidade. Comentamos sobre uma propaganda que fizemos em Copacabana, "Copacabana tem tudo que o Rio tem: tem praia e tem mata, morro e asfalto, favela, classe média e classe alta, tem turismo local e estrangeiro". Copacabana é a síntese do Rio de Janeiro, bairro perfeito para lançar o policiamento comunitário em larga escala. A ideia da PM era um projeto-piloto no Bairro Peixoto, mas nós sugerimos que fosse em Copacabana toda. Para nossa surpresa, Nazareth topou!

MAURO E como foi feito?

RUBEM CÉSAR Essa pergunta pede muita conversa, outra entrevista talvez. Fato é que aconteceu, teve impacto forte na redução da violência em Copa, envolveu o 19º Batalhão, as associações de moradores, o comércio, os hotéis, restaurantes, uma grande articulação entre sociedade e polícia, no espírito mesmo do policiamento comunitário.

MAURO Essa experiência veio a influenciar as UPPs, Unidades de Polícia Pacificadora?

RUBEM CÉSAR O Policiamento Comunitário em Copacabana, de 1994, acabou sendo limitado às áreas do asfalto. Não subiu o morro. O link em direção às UPPs aconteceu mais tarde. Fomos inspirados por uma experiência da polícia de Boston, nos Estados Unidos, já famosa no mundo. Eu levei a Boston o major Antônio Carlos Carballo e o subcomandante da Polícia Militar, coronel Hudson Aguiar, que depois veio a ser comandante-geral. O objetivo era conhecer a filosofia, a estratégia e as táticas da polícia de Boston no policiamento dos "guetos" de população negra da cidade, uma política de sucesso reconhecida internacionalmente. A Polícia Municipal de Boston havia declarado que o combate às drogas não era uma prioridade. A prioridade era combater a violência. Aliada a um grupo pentecostal da sociedade local, a polícia percorreu bairro a bairro, abordando as gangues e negociando um acordo de convivência. Acompanhamos uma dessas negociações. Em caso de violência armada, entravam com tudo, sem chances para as gangues. Sem violência, o comércio de drogas seguia proibido, posto que ilegal, mas reprimi-lo não era prioridade. Por outro lado, entravam com projetos de geração de trabalho e renda para os membros das gangues. O programa chamava-se Cease Fire, ou seja, Cessar-Fogo. O programa reduziu drasticamente o número de homicídios na cidade. Foi monitorado e estudado por um departamento da Universidade Harvard. Convidamos um dirigente da Polícia de Boston para vir ao Rio encontrar-se com o comando da PM e lançamos o GPAE, o Grupamento de Policiamento em Áreas Especiais, no Cantagalo e no Pavão-Pavãozinho, sob o comando do Carballo. O GPAE deu muito certo e se expandiu para outras comunidades do Rio e de Niterói, com o comando geral do coronel Ubiratan Ângelo. Ubiratan, por sua vez, veio a ser o comandante-geral da PM e hoje trabalha nos setores de compliance e de segurança do Viva Rio. O GPAE foi uma inspiração interna para o desenvolvimento das UPPs.

MAURO **Rubem, avançando um pouco no tempo, você falou sobre um tema que é muito caro ao Viva Rio, uma das bandeiras, que é a descriminalização das drogas. A gente tem visto, hoje em dia, um certo retrocesso.**

RUBEM CÉSAR Pois é. Estamos hoje entre a posição do Supremo Tribunal Federal, que forma maioria pela descriminalização, e o Congresso, onde correntes reacionárias propõem a insanidade de inserir a proibição do consumo na Constituição. É um desastre. Proposta que nega a realidade da cultura jovem no país e beneficia sobretudo a bandidagem que domina esse comércio sob a proteção da lei, ao reverso.

MAURO **Você acha que isso vai exacerbar ainda mais a violência?**

RUBEM CÉSAR Com certeza. A tendência dos reacionários no Congresso é lidar com esse assunto só com a linguagem da violência, da Guerra às Drogas, como foi declarada por Richard Nixon no século passado. É uma guerra burra, sem chance de sucesso, que traz tremendo dano à vida nas comunidades onde os bandidos crescem e se abrigam, e uma carga tremenda sobre os nossos policiais e militares.

MAURO Quero recuperar a memória de dois momentos: um em 1993, quando você usava uma expressão em entrevistas, dizendo que o Rio havia "acabado". Depois, você deu uma entrevista, em 2013, 20 anos depois, afirmando que era "evidente que o Rio havia saído do buraco", porque a cidade era a capital de grandes eventos mundiais, e as favelas haviam tido grandes avanços em termos de renda e desigualdade. Na sua visão, o Rio tinha melhorado muito. E agora, em 2024, que Rio é este, 30 anos depois do lançamento do livro?

RUBEM CÉSAR Houve um momento em que eu achava realmente que havia uma certa progressão e convergência de políticas de governos, da prefeitura sobretudo, mas também do governo estadual. O Sérgio Cabral deu força à ideia da UPP, e o pecado dele, eu acho, além da ganância pelas joias, foi o de achar que as UPPs estavam dando tão certo que tinham de ser multiplicadas além dos limites controláveis. Ele acabou tropeçando no sucesso da estratégia da Polícia Pacificadora. Então eu acho que até a UPP, que é mais ou menos nesse período aí, o Rio tinha várias coisas acontecendo que apontavam para uma transformação positiva. A quantidade de investimentos vindos para o Rio era uma coisa incrível, uma virada em relação ao passado.

MAURO A Olimpíada, por exemplo.

RUBEM CÉSAR Sim, a Olimpíada, a Copa do Mundo. Mas aí eu acho que a coisa desandou, primeiro com o Sérgio Cabral e outros governantes sendo presos. Muda a gestão dele para um pessoal totalmente diferente, o Wilson Witzel e por aí vai. O Estado do Rio desandou e, coincidentemente, teve a dinâmica das milícias, que transformaram a situação no contrapé das defesas da sociedade. A interpenetração entre crime organizado ao quadrado e a corrupção política derrubou os avanços do Rio. Tudo é bem mais difícil de ser enfrentado. Não há mal que não tenha remédio, mas as patologias se tornaram mais diversas e intratáveis na última década.

MAURO O que precisaria ser feito neste momento?

RUBEM CÉSAR De novo tinha que acontecer alguma coisa que está além de nós todos. Ninguém produz ou inventa uma ação que irá resolver. São problemas complexos que demandam uma série de circunstâncias, uma combinação propícia de fatores, como se diz na astrologia. Produzi-la não é tarefa científica. Está além de nossos controles. É preciso orar, crer, esperar uma combinatória feliz de forças positivas. Quem pensa e crê age pela fé, sem se apegar a resultados de curta duração. Por exemplo, se os governos federal, estadual e municipal se ajustarem num propósito inteligente e decente, de repente as nuvens podem se abrir e a tempestade passar. Um novo tempo de bonança pode acontecer. A História acontece. Não é produzida.

ISABELLA **Rubem, você liderou um movimento de grande dimensão, como o Viva Rio. O que você acha que faz alguém desistir, se cansar?**

RUBEM CÉSAR Eu falei de "fé", como a torcida que no Maracanã, do nada, canta "Eu acredito!". Na militância, na arte ou no trabalho fecundo, você faz porque faz, porque não sabe deixar de fazer. Vira sua obrigação e seu prazer. E seu ganha-pão também.

ISABELLA **O que você acha que mudou nestes últimos anos?**

RUBEM CÉSAR Impressiona a quantidade de pessoas que vão às ruas hoje pedindo justiça, vestidas de camisetas estampadas com o retrato da pessoa amada que foi assassinada. É trágico quando você clama por justiça, e nada acontece. Mas os protestos não dão descanso às injustiças e aos absurdos das más políticas. A razão e os sentimentos seguem vivos graças às pessoas que se apresentam com a coragem das mães indignadas e de seus filhos. Não deixam a memória se perder. Algumas mães viram investigadoras, produzem provas. Eu acho que o crescimento da sociedade sobre os desafios da vida pública faz parte desse momento histórico que a gente viveu no pós-ditadura. Penso que a minha geração foi pioneira nisso, do criar meios de ação diante dos nossos desatinos, de apontar caminhos em meio à confusão das opiniões. A imprensa e as artes foram receptivas a esses sinais e expandiram o seu impacto. A primeira vez que houve manifestações fortes da imprensa sobre algum movimento social independente dos governos e partidos foi na Campanha contra a Fome no Brasil, liderada pelo Betinho.

ISABELLA **E surgiram novas organizações sociais, muitas lideranças de favelas.**

RUBEM CÉSAR De montão. Nas favelas, sobretudo. É impressionante o que você tem de organizações. Superinteressante. A Cufa, a Central Única das Favelas, por exemplo, que se desenvolveu no Brasil inteiro. Eu acho que a sociedade civil, hoje, está muito mais presente, constituída e organizada. Do micro ao macro, há grandes organizações e uma quantidade enorme de pequenas organizações, assim como acontece no mundo empresarial com as microempresas. Isso se multiplicou e virou uma coisa que faz parte do tecido social brasileiro e mundo afora.

ISABELLA **O que está diferente hoje?**

RUBEM CÉSAR Muita coisa mudou. Eu acho que esse cenário que eu falei da milícia, essa coisa da megacidade. Para você unir uma cidade, você tem que pensar na construção de megalópoles. Cresceram a dimensão e a complexidade. Eu acho que muita coisa mudou. Em termos de desafio, ficou mais complexo. Também tem muito mais gente com essa ideia de que é preciso, primeiro, a sociedade ter uma postura e uma participação no que se quer mudar. Esse conceito hoje está instalado na sociedade brasileira. Isso foi uma mudança do tempo pós-ditadura. O mundo empresarial também está mais permeado pela ideia de filantropia e incorporou esse conceito às suas estratégias. Um dos resultados disso é uma iniciativa do Viva Rio que se chama VRB, Viva Rio Brasil.

ISABELLA **Sobre o livro *Cidade partida*, o que você acha que ele provocou na sociedade?**

RUBEM CÉSAR O Zuenir fez duas coisas importantes com esse livro: uma foi a ideia de cidade partida. Por implícito, ele afirmou que era preciso integrar as favelas à cidade. Isso, na época, não fazia parte do nosso vocabulário. É uma mudança de chave em que é preciso se pensar a cidade primeiro, imaginar a cidade, agir sobre ela. Até então, quem tinha o cuidado sobre a cidade era a prefeitura, não era a sociedade, não era o movimento social. O livro deu suporte a pensamento sobre a cidade. A segunda questão é que a história foi contada num ponto de vista próximo ao do bandido, a cidade vista pelo seu avesso. Ele não deixa de ser bandido, mas é humanizado no livro de um modo que nos faz refletir.

ISABELLA **Que cidade é o Rio hoje?**

RUBEM CÉSAR Aí você pergunta ao Zuenir. Ele é quem tem as palavras.

ROBERTO **A gente queria saber o seguinte: existiu a ideia da cidade partida, aquele caminho que o Zuenir fez. O que seria fazer esse caminho hoje em dia?**

RUBEM CÉSAR Eu acho que é o mesmo caminho, com tudo o que a gente aprendeu de lá para cá, com uma diferença fundamental, porque agora é mais complexo. Agora tem que ser uma iniciativa nacional, estadual e local. Não basta só pensar a cidade, porque o tráfico virou um business transnacional. Todos esses problemas ganharam uma dimensão maior. A integração que se deseja precisa incluir essas várias dimensões, não num quadro legal fixo, mas em dinâmicas convergentes. A ciência e a arte das sinergias. Há que se ter uma mudança na Constituição, flexibilizando a estrutura federativa. Há muitos desafios maiores, bons para quem gosta de acreditar.

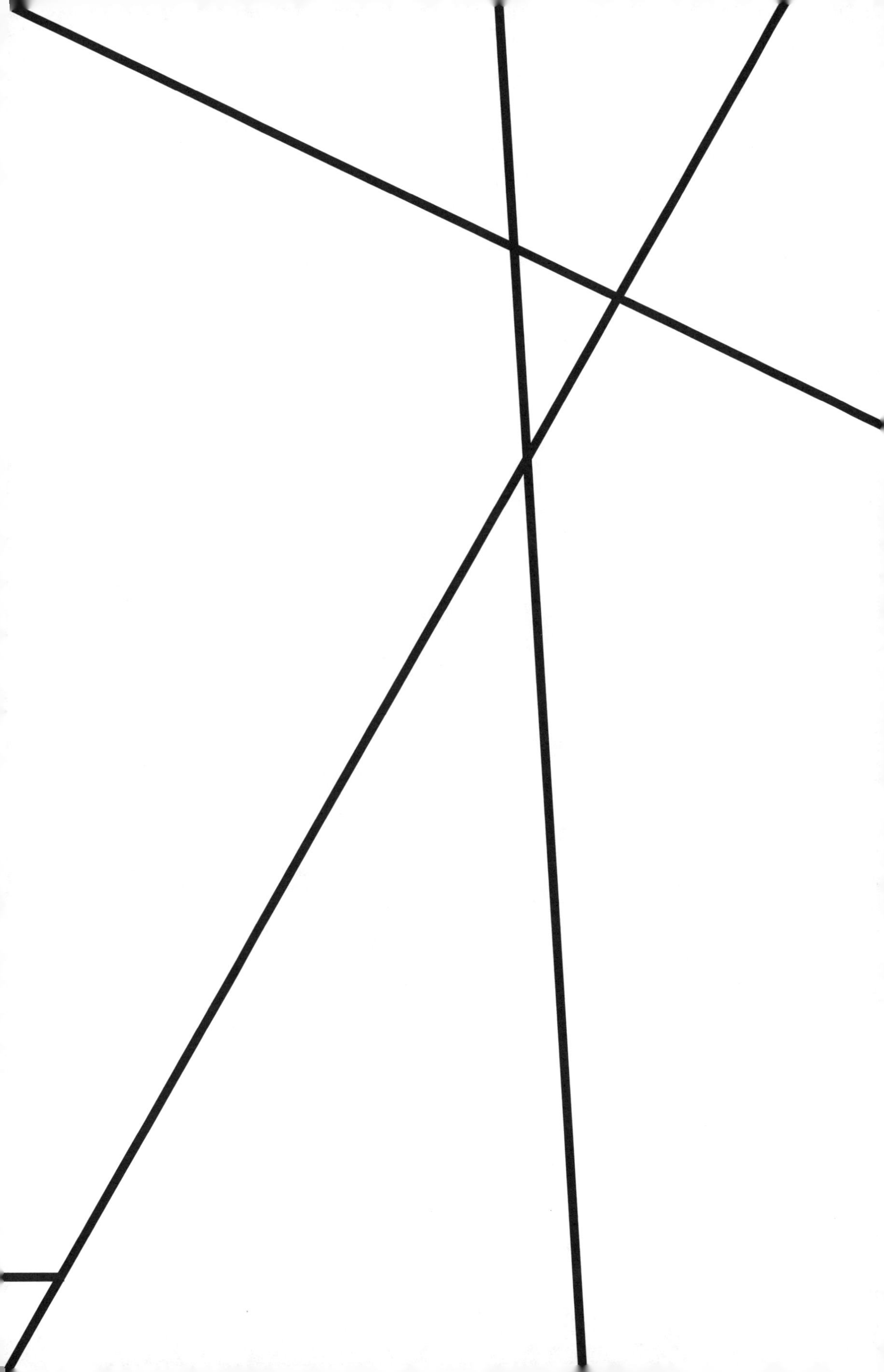

DJ MARLBORO
JUJU RUDE
ANDERSON SÁ

"É IMPOSSÍVEL ENTRAR NESSE MUNDO SEM ESSE GAROTÃO que parece ter menos do que seus 30 anos, alto, de cabelos longos, sempre com cara de sono, inclusive porque costuma trocar a noite pelo dia", escreveu Zuenir sobre o DJ Marlboro, no capítulo "Dançando com os Bárbaros", quando o conheceu em meio aos preparativos do seminário "Galeras: uma Manifestação Cultural? Uma Ameaça? Um Problema da Cidade?". DJ Marlboro é Fernando Luiz Mattos da Matta, mas já teve muitos apelidos: Linha Dez, Garibaldi, Jipe, Aranha. Por morar no subúrbio, "na periferia", virou o Terra de Marlboro e, finalmente, DJ Marlboro. Para Zuenir, ele era "um dos cariocas capazes de construir uma ponte cultural entre os dois Rios, trafegando da Zona Norte à Zona Sul", e que estava "tentando fazer com o funk o que outros, como Paulinho da Viola, fizeram com o samba".

Convidamos para uma conversa com Marlboro, por sugestão do produtor cultural Anderson Sá, morador de Vigário Geral, Juju Rude (Julyany Rodrigues), rapper, militante do movimento hip hop, "líder comunitária em desenvolvimento" e que sonha em ser socióloga. O "Rude" do sobrenome artístico vem da influência do reggae em sua criação musical. Nos anos 1960, na Jamaica, *rude boys* era um termo que designava delinquentes juvenis, mas que foi sendo ressignificado, nas décadas seguintes, passando a se referir aos fãs do reggae e a quem produzia "cultura de rua". Moradora de Parada de Lucas, é uma das artistas de maior destaque da comunidade. Filha de nordestinos, conta que os pais investiram em sua educação, tendo sido sempre incentivada à leitura de livros. "Nós, da favela, temos que ter esse orgulho de ser afrodescendentes, periféricos, de ter o lance do territorialismo, de querer dar autoestima para outras pessoas da comunidade e de saber ser uma espécie de referência na cena do rap para a juventude de lá, ajudando outros artistas a se profissionalizarem", diz.

Anderson Sá, nascido e criado em Vigário Geral, apresenta-se como "cria do AfroReggae". Compositor e vocalista da banda por 23 anos, considera-se um crítico observador diante de preconceitos e do racismo, principalmente, quando os amigos eram "deletados" em oportunidades de empregos por morarem na favela. Quando jovem, apresentava-se como "moreno claro, meio marrom" para que a sociedade não lhe fechasse as portas. Depois de entrar no AfroReggae e conhecer as histórias de Che Guevara, Martin Luther King, Malcolm X, entre outros, passou a se assumir como pessoa negra.

O encontro do DJ Marlboro com Juju Rude e Anderson Sá durou muitas horas de boas histórias de passado e presente, e de uma visão cheia de esperança sobre o papel das artes e da cultura na construção de uma cidade que se expressa, se entende e que pode sonhar.

ISABELLA Juju, quando o livro foi lançado, você tinha 4 anos. E você nos contou que acabou de ler e que está com tudo fresquinho na cabeça. O DJ Marlboro é um dos personagens do livro. O que você gostaria de perguntar para ele?

JUJU RUDE Marlboro, como é que foi a sensação no dia do Baile da Paz, que aconteceu no Ciep Mestre Cartola e que uniu a galera de Parada de Lucas com a de Vigário Geral, com a presença de traficantes, a mídia toda em cima? Ficou aquele clima tenso de "será que o pessoal vai fazer um baile de corredor?". Como foi participar daquele momento?

DJ MARLBORO Tem um episódio no futebol em que dizem que o Pelé parou uma guerra, na Nigéria. Você chegou a ler sobre essa história? Havia um conflito civil naquele país, e fizeram uma negociação de cessar-fogo para o Santos jogar. Então, o que a gente estava fazendo lá, mais ou menos, era o que o Pelé fez no campo de futebol. A música faz isso. A arte tem esse papel importantíssimo e essa função de unir as pessoas. Acho que a cultura e a arte poderiam ser muito mais bem usadas pelas autoridades. Como naquela música do Claudinho e Buchecha “Nosso Sonho”, que fala: “Na praça da Playboy ou em Niterói, no Fazenda, Chumbada ou no COI” e, no final, eles cantam: “Mas, em qualquer lugar, eu vou te admirar”. Eu falo para as pessoas que elas têm que prestar muita atenção nessa música, porque ela é de uma cidade unida. Hoje nós temos uma cidade dividida. Como era bom quando a gente botava na música o nome de todas as comunidades, de todos os lugares, sem ter medo de represália porque usou o nome de uma na música e não de outra, como depois veio a acontecer.

JUJU RUDE E também sobre como os artistas usavam a sua visibilidade justamente para fomentar a paz, a união. Você sabe que hoje isso está difícil.

DJ MARLBORO É aquela velha história, é um misto de acontecimentos que se sucedem, que acabam fazendo com que a cidade fique dividida, que vá se dividindo cada vez mais. E é horrível para alguém que, como eu, está na ponte. Eu digo que estou na ponte porque consigo enxergar todas as classes sociais. Eu consigo enxergar amplamente tudo o que está acontecendo e, também, os resultados das ações de cada uma dessas classes. Eu consigo entender a comunidade, a classe média, a classe alta. Eu olho para todo mundo e tenho uma visão muito clara de tudo o que está acontecendo. Aí, eu sofro porque, quando eu vejo alguém ou uma classe tomar uma atitude que vai de encontro a essa união, eu fico muito triste. E eu tento até alertar, avisar a nova geração dos funkeiros. Eu digo para eles que somente o funk de qualidade e responsabilidade poderá nos proporcionar prosperidade e longevidade. Talvez eles não entendam agora, mas entenderão no futuro. Quando se vai para o lado da pornografia, da apologia ao crime, limita-se o alcance da mensagem e vira o “tendão de aquiles” do funk. Já existe uma raiva, um ódio daquela voz que sai da favela e que as pessoas não queriam que alcançasse ninguém. E, quando o funkeiro faz esse tipo de música, dá razão para as pessoas poderem rejeitá-lo. Falavam muito mal das músicas que eu fazia na época. Nossa, era terrível escutar que o funk não era cultura! Tomara Deus que as pessoas entendam que o funk é uma mensagem que tem que ser tratada, observada e cuidada. Não se pode criminalizar quem canta, mas observar o que os funkeiros estão cantando. O que é criminalizado é o que eles vivem. Eles só retratam e relatam o que estão vivendo. Não podem ser criminosos por isso. É muito mais cruel o que eles vivem do que o que eles plantam. As pessoas, as autoridades têm que entender que, quando o cara está cantando pornografia, palavrão, existe uma necessidade de esclarecimento, de cuidado sobre a sexualidade precoce que acontece na favela. Há que se cuidar dessas pessoas e dar recursos e condições para que elas tenham infância, uma vida melhor, que possam estudar e não engravidar com 12, 13 anos. Calar o menino não vai mudar a vida dele. Quando ele canta "eu só quero ser feliz, andar tranquilamente na favela onde eu nasci", está fazendo um presságio do que a gente vai ver na cidade no futuro. Essa música foi um sucesso, todo mundo gostou, mas ninguém entendeu o grito de socorro contido nela. Vamos entender essa voz? Olhem o que eles estão passando: tiros de metralhadora, o gringo e o rico que só vão lá ver cartão-postal, e as pessoas na favela passando sufoco. A solidariedade e a humanidade fazem falta. Quer ver uma coisa que acontece sempre, que é representada pelo rap da favela? Em Copacabana, há um monte de prédio "de bacana", de gente rica. Se sai tiro ali nas vias principais, isso repercute na mídia e em tudo que é lugar, propaganda, movimento político. Mas, quando sai tiro na favela, ali do lado, ninguém está nem aí para quem está morrendo, para quem está levando ou dando tiro.

JUJU RUDE Banalizou, né?

DJ MARLBORO E aí o primeiro contato dos patrões com sua empregada que mora na favela é perguntar o que houve por lá, se teve tiro. E ela reporta o que aconteceu, porque a patroa não viveu aquilo. A preocupação da patroa não é pensar sobre aquela pessoa que está sendo assassinada ou a que está matando. Ela quer saber o que aconteceu, mas não necessariamente para tomar uma atitude para o ser humano que está passando pela dificuldade. Um dia, aquela violência vem até a porta dela porque ela não se preocupou quando a violência estava lá em cima. Há um isolamento, uma falta de humanização das pessoas, de solidariedade, de se preocupar com todos como iguais. Isso é cruel, e a gente vive o resultado dessa ignorância.

ISABELLA Juju, você se referiu a uma banalização...

JUJU RUDE Nós vivemos uma guerra civil. Ninguém assume, mas é uma guerra civil. As favelas estão cada vez mais armadas. Não tem nem como explicar a quantidade de armas, são verdadeiros exércitos com treinamentos. Isso é um caminho que acontece desde a Abolição da Escravatura. Todo mundo vivia amontoado na senzala e, de repente, foram todos expulsos, sem ter lugar para ir. Pela Lei das Terras, os negros eram proibidos de terem suas terras. Aí vieram os cortiços, e, mais uma vez, os negros foram expulsos. A Guerra de Canudos talvez tenha sido a primeira chacina que conhecemos. Os mesmos soldados que mataram milhares de pessoas retornaram para o Rio de Janeiro e criaram a primeira favela, que é a Providência. Então, é um ciclo vicioso, esse de botar gente para as margens, de tirar de vista. Com o abandono, a violência vai se desenvolvendo, e vão se criando líderes naturais, novos "Zumbis", só que com fuzis. Nós, pessoas que conseguimos fazer a diferença, temos que nos unir, temos que fazer mais ações. A sociedade tem que se responsabilizar, porque o racismo não é um problema nosso, dos afrodescendentes, é um problema dos brancos. Eles têm que tomar uma atitude para se curar dessa doença, que é o racismo estrutural. A gente não consegue furar esse bloqueio. A sociedade ainda nos enxerga como aquelas pessoas violentas, de um lugar violento, assim como quando aconteceu a chacina de Vigário Geral, em 1993. E não entendem as causas. Eu acho que é uma questão mesmo de conhecimento e de educação; a sociedade precisa de muita educação para poder reconhecer esse genocídio histórico do povo preto e que foi banalizado.

ISABELLA A partir do que você falou, o que você acha que, especificamente, foi banalizado?

JUJU RUDE A violência. Hoje, eu retrato bastante, nas músicas, essa naturalização da violência. Às vezes você está na comunidade, passa um conhecido seu que entrou para a boca de fumo, você dá um oi para ele, e o cara está com uma granada na cintura. Nós, que vivemos essa realidade, nos acostumamos com isso, naturalizamos isso. E, quando acontecem as incursões policiais na comunidade com violência, as pessoas não se comovem, acham que merecemos isso, sendo bandido ou não. A população não diferencia quem é bandido, quem é morador, trabalhador; a pessoa honesta não tem essa diferenciação pro sistema. Vigário Geral hoje, e me refiro ao livro *Cidade partida*, continua a mesma coisa. A diferença é que agora está asfaltada e não tem a guerra com Parada de Lucas, mas ainda precisamos de assistencialismo, cultura e educação. Apenas um AfroReggae não foi e não é o suficiente. Acho que tem que ter mais mobilização da sociedade, porque a gente está em desvantagem há mais de um século.

DJ MARLBORO Eu acho que o que alguém precisa é de oportunidade. Sem oportunidade, nunca vai haver igualdade, respeito; é a palavra mágica para se chegar aos resultados que você quiser. Eu queria que a Fundação Getulio Vargas fizesse uma pesquisa sobre o fato de as favelas onde há os crimes mais cruéis serem as mais miseráveis. Qual a conclusão possível? Quando se tem uma vida miserável, não se tem amor pela sua vida. Viver ou morrer não faz diferença. Quando se tem uma vida miserável, a pessoa não se importa com a vida de mais ninguém. Eu vi e vivi isso. Outra coisa que eu observo é que, onde tem mais artistas, o crime é mais fraco, e o tráfico, também. Por quê? Porque as pessoas estão tendo oportunidades. Quantas oportunidades não foram dadas para um monte de jovens pelo AfroReggae? O Rio de Janeiro é um poço de cultura, de criatividade, não há cidade no mundo igual. O funk, por exemplo, não é daqui, nasceu nos Estados Unidos na década de 1960. Mas o funk que se faz no Brasil hoje não se faz em nenhum lugar do mundo e é admirado como uma "nova música brasileira". Aqui ele ganhou uma originalidade por parte dos artistas brasileiros, o que faz com que seja uma música nascida aqui. Isso é o poder da criatividade do carioca. Não há cidade no mundo que tenha mais criatividade do que o Rio de Janeiro. Mas a cidade que é mais criativa e que tem maior desenvolvimento cultural é onde a cultura é mais combatida e menos abraçada pelas autoridades. As secretarias de Cultura dos estados e dos municípios não fazem a coisa certa em relação à cultura. São pessoas que estão atrás de uma escrivaninha, no ar-condicionado ligado, querendo fazer leis e projetos sem pisar na comunidade, sem respirar o que está acontecendo. A comunicação não acontece por imposição, ela não vem de cima para baixo, ela vem de baixo para cima.

ANDERSON Eu venho de uma geração em que precisei ter uma oportunidade para ser o que sou hoje. A Juju, que já é de outra geração, teve que ter uma mesma oportunidade para ser o que é hoje. As comunidades que criaram projetos de cultura criaram mais oportunidades para os jovens.

JUJU RUDE Vigário Geral é um exemplo disso.

ANDERSON Marlboro, hoje eu observo que, se o Rio de Janeiro não olhar para a Baixada Fluminense, aquilo lá vai explodir. A molecada não tem nada. Eu pergunto, como pai de um casal de gêmeos de 11 anos: "O que meus filhos vão ouvir quando crescer?". Você acha que, hoje, temos um funk e rap melhores? Porque, lá atrás, tínhamos o "proibidão", um rap mais gângster. A molecada vai ter mais opção musical?

JUJU RUDE Esse é um debate bem importante no hip hop, porque o rap acabou se misturando com o funk, mas com o "proibidão". O que a galera ouve hoje é muito referência desse funk, e que é o rap que estão fazendo e que chamamos de trap. A molecada hoje, no trap, está relatando a convivência e a vivência com o tráfico e a vida do bandido. Basicamente, esse é o tema de todas as músicas lançadas no momento. A intenção com que o hip hop foi criado meio que faleceu, meio que foi esquecida, porque ele queria tirar a galera dessa visão de gangue, de facção; queria unir. As pessoas mais velhas têm uma preocupação sobre essa presença das facções no trap.

DJ MARLBORO Repito: somente um funk de responsabilidade e qualidade poderá proporcionar prosperidade e longevidade. E a frase se encaixa também para o hip hop.

MAURO As letras dessas músicas trazem só referências à violência ou ao sexo também?

JUJU RUDE Ao sexo também, porque esse mundo do crime engloba drogas, armas e sexo. Em muitas músicas há praticamente a descrição de uma relação sexual.

DJ MARLBORO É explícita mesmo, e eu sou contra, radicalmente contra. Não criminalizo, mas eu não toco, não apoio. E, até em relação ao crime, eu também não toco, porque eu não posso glamourizar uma coisa que promove a inversão de valores.

ISABELLA Essa é uma visão religiosa?

DJ MARLBORO Não, eu não sei nem que religião eu tenho. Eu fiz a primeira comunhão, fui batizado, crismado, mas eu tenho umas decepções com a Igreja muito grandes. Com a questão da Inquisição, principalmente. Quando eu comecei a me dar por gente, eu estudei a permissão da Igreja de se escravizar as pessoas, destruir culturas pelo monopólio e pela proliferação do cristianismo.

JUJU RUDE Eu fico indignada quando vejo padres negros.

DJ MARLBORO Não, eu não fico indignado.

JUJU RUDE Eu fico.

DJ MARLBORO Vou explicar a minha visão de religião. Para mim, todas são uma só, porque todas reverenciam o divino, o criador. O que estraga é o caminho que se desenvolve até o divino, porque quem o faz é o homem.

ISABELLA Eu perguntei sobre a religião porque sua frase envolve valores e crenças religiosos. Ao mesmo tempo, diz que, embora não criminalize, escuta, mas não toca.

DJ MARLBORO Porque tudo isso é parte da minha pesquisa. Pelas músicas, recebo mais informação. Elas são mensagens, pedidos de socorro e têm que ser respeitadas, tratadas.

ISABELLA Uma expressão cultural.

DJ MARLBORO É uma expressão cultural verdadeira, autêntica da alma das pessoas. Você está ouvindo a alma das pessoas.

ANDERSON Eu tive esse embate quando assumi o estúdio do AfroReggae. Vinha muita gente do funk "proibidão" me procurar para gravar. E eu não queria gravar, mas, ao mesmo tempo, achava que estava sendo preconceituoso, porque tudo aquilo era a cultura do cara, a realidade dele. Por que a música clássica é legal, e o funk "proibidão" não é?

DJ MARLBORO No meu estúdio, ninguém pagava para gravar. Eu ia à favela e, se visse uma pessoa cantando um funk "proibidão" bom, propunha alterar a letra com ele. Por exemplo, "Atoladinha", que é um sucesso nacional. A música era "Enterradinha", e era pornográfica. Escutei e propus mudar. Estourou no Brasil inteiro. Os caras ganharam muito dinheiro, mas iam ficar no gueto se eu deixasse "Enterradinha" como estava.

ISABELLA O que é o seu trabalho de ponte que você mencionou no início de nossa conversa?

DJ MARLBORO Eu estou ali na ponte. Então, é preciso enxergar o potencial, quem são as pessoas talentosas que sabem fazer letra, mas não sabem direcionar a mensagem. Muitos deles não tiveram o grau de escolaridade de Chico Buarque, Caetano Veloso, Gilberto Gil, para poder fazer letras que protestem e que falem da realidade, passando pela censura sem ninguém perceber, mas transmitindo a verdade que eles desejam.

ANDERSON Marlboro, ninguém chegou a propor para você ter uma escola de funk no Centro do Rio, que oferecesse cursos, atividades de qualificação para a galera?

DJ MARLBORO Eu queria fazer uma casa, um palácio do funk, para poder ajudar as pessoas a se encontrarem, a acharem um caminho para a prosperidade. É uma ação que poderia ajudar a cidade também. Mas é aquela velha história: eu sou uma andorinha e tenho que criar uma revoada para conseguir fazer isso coletivamente. Eu comecei a fazer festas no subúrbio para dez, 15 mil pessoas nos meus bailes; não saía nada no rádio, na televisão nem nos jornais. Uma boate na Zona Sul tinha toda essa divulgação e atraía 200 pessoas. Eu não entendia, tinha uma certa ingenuidade. Talvez, se eu entendesse a maldade do preconceito da Zona Sul com a Zona Norte, não tivesse me motivado a criar o funk. Porque eu iria entender que o evento era maior na Zona Norte, mas não tinha visibilidade por conta do preconceito que existia. Para mim, era todo mundo igual. Aliás, somos todos iguais. Foi então que tive a ideia de, para ocupar os espaços de rádio, televisão e jornais, criar os ídolos do movimento, de forma a ter representantes nesses lugares. E lancei o primeiro disco, que é o *Funk Brasil 1*. Briguei com a gravadora, que queria dar o nome de *Funk Carioca*, com o argumento de que o funk só existia no Rio de Janeiro. Eu afirmei que isso era uma questão de tempo, que o funk iria se espalhar pelo Brasil, com características regionais de cada local. Eu visualizei esse futuro, só não esperava estar vivo para ver acontecer. Porque pensei que fosse ser como a capoeira, o samba, que levaram cem anos para se expandirem. Eu faço para o futuro mesmo, não tenho nenhuma encanação com isso. Eu falo para as pessoas que eu me sinto como aquele capoeirista que foi perseguido, proibido, mas que venceu. Acho que sou muito abençoado porque eu consegui arar, plantar, semear, cultivar e colher.

MAURO Marlboro, você sempre promoveu o diálogo entre as gerações. Você acha que as novas gerações o consideram e o reverenciam à altura que merece?

DJ MARLBORO Eu acho que tudo são fases. Eu acho que eu tenho um reconhecimento maior em São Paulo do que no Rio de Janeiro. Engraçado isso, né? Como é que pode?! Aqui no Rio, eu sou meio "arroz de festa". As pessoas da nova geração de MCs e artistas não têm tanta noção do meu feito quanto os DJs e MCs de São Paulo, que têm um respeito fora do normal. A conclusão a que eu chego é que, enquanto eu for concorrente, será assim.

ISABELLA Concorrente?

DJ MARLBORO Sim, eu toco, atuo, faço programa, estou na ativa. E não tem sido fácil, foram várias as vezes que eu fui lá em cima e fui lá embaixo. Quando eu lancei o *Funk Brasil 1*, fui boicotado pelo movimento funk, porque existia um mercado de discos internacionais, do pessoal que raspava os rótulos para vender o disco mais caro aqui, uma máfia da "muambagem" dos DJs, das equipes e do público. O mercado combinou um boicote para não tocar as músicas nacionais do Marlboro, porque sabia que aquilo era uma ameaça para o império que existia naquele momento. Só que, naquele mesmo ano, fui o primeiro campeão brasileiro de DJs, único carioca finalista que não tinha toca-discos, em evento em São Paulo. É onde a criatividade supera a falta de recursos.

ISABELLA Você ganhou o campeonato sem ter toca-discos, e Juju se destaca também sem ter muitos recursos.

JUJU RUDE Os artistas de favela, normalmente, costumam aprender a fazer tudo. Eu canto, mas tenho que entender um pouquinho de estúdio, venda de show, produção, plataformas digitais, acompanhar a tecnologia, estar por dentro de tudo sobre as novas regras das redes sociais, monetização e royalties. A gente tem que sair da bolha e, às vezes, por não ter esse conhecimento, os artistas acabam ficando no meio do caminho. O desenvolvimento da internet criou mais acesso para a música, para a cultura da favela, que conseguiu chegar ao público. Há também as dificuldades de ser uma mulher, e favelada, querendo fazer cultura. O hip hop ainda tem bastante homem, e percebemos um ambiente machista. Não basta ter a militância periférica, é necessário ter a militância da mulher periférica. Acabei juntando todo esse bolo que eu sou e virei uma militante de vários segmentos para poder me manter.

ANDERSON E aonde você quer chegar, Juju? Eu, hoje, não estou mais ativamente no palco, e você está. Eu te faço essa pergunta para trazer esse conflito que eu vivi uma época, quando saí dos palcos. Será que eu cheguei até onde eu queria chegar? Eu consegui influenciar uma molecada, fiz shows na Europa. Você quer chegar a algum lugar, quer ser uma influenciadora?

JUJU RUDE Em primeiro lugar, eu quis ser mesmo uma voz ativa dentro da favela, ser uma intelectual favelada. Eu estou aqui, agora, nesta entrevista, no lugar e no momento para os quais me preparei a vida inteira para estar. Eu vivi uma situação ontem, na favela, em que eu encontrei um jovem de 16 anos, que foi criado abandonado, os pais nunca apareceram, e ele parou de estudar. Eu perguntei ao jovem se ele tem um sonho, sobre o que ele quer fazer da vida. E ele disse que quer ser *influencer, tiktoker*. Na conversa, mostrei a ele que o caminho é estudar. Eu terminei o segundo grau e entrei para a faculdade, mas não terminei, e não foi por safadeza, foi porque eu não tinha como investir. Contei a ele que viria aqui hoje dar uma entrevista sobre um livro que conta uma história da nossa favela e expliquei que só tinha sido convidada porque eu tenho bagagem, conhecimento, o poder da palavra, tenho fundamento. Se eu não tivesse estudado, se tivesse somente feito música falando de sacanagem, de putaria, de crime, eu não estaria aqui como representante da comunidade. Estar aqui, nesta conversa, é uma realização, um reconhecimento. Eu me preparei a vida inteira para estar aqui, agora, nesta cadeira.

ISABELLA Marlboro, como essa fala da Juju repercute em você?

DJ MARLBORO Assim como a Juju, acho que todo mundo tem que fazer essa pergunta para todas as crianças: "O que você quer ser quando crescer?". Eu vejo muitas crianças que crescem sem saber o que querem ser. Esse direcionamento tem que acontecer cedo.

ISABELLA Vocês acham que os editais, hoje, privados e públicos, oferecem mais oportunidades aos artistas?

DJ MARLBORO Os funkeiros não participam porque não sabem fazer o processo de inscrição.

JUJU RUDE Eu e Anderson viemos falando sobre isso no carro. A gente acaba precisando de uma pessoa da "pista", como a gente chama, para poder realizar essa parte burocrática.

DJ MARLBORO Eu não sou contra as leis de incentivo. Eu acho que têm que existir, sim, mas elas têm uma distribuição ruim e não fomentam a cultura, não geram emprego nem oportunidades.

MAURO No livro *Cidade partida*, escrito há 30 anos, você é apresentado pelo meu pai como o "garotão que parece ter menos do que seus 30 anos, alto, de cabelos longos, sempre com cara de sono por trocar a noite pelo dia".

DJ MARLBORO Isso, até hoje *(risos)*.

MAURO Ele comenta que você acreditava que a mídia, um dia, iria respeitar o funk.

JUJU RUDE Você dá um depoimento muito legal no livro, inclusive.

DJ MARLBORO É o mesmo de hoje.

MAURO Aquele Marlboro, naquela época, como é que encarou a chegada daquele homem, jornalista, bem mais velho, careca, que não conhecia nada, que nunca tinha ido a um baile, que o procurou por meio do Manoel Ribeiro. O que você se lembra daquela época?

DJ MARLBORO A palavra que me faz lembrar de seu pai sempre é generosidade. Era difícil as pessoas olharem para a gente assim. Eu vi nele a generosidade que eu não via normalmente nas pessoas; ele me ouviu, escutou meus planos, teve o entendimento sobre o que eu estava querendo dizer, me acompanhou. O Hermano Vianna também tem essa generosidade. São pessoas abençoadas, humanas, que mudam a Humanidade porque não olham com preconceito, olham querendo entender, se comunicar, aprender e se enriquecer de conhecimento. Isso é generosidade, e é a palavra que melhor define o Zuenir.

ISABELLA A partir dali o Zuenir passou a escrever bastante sobre o funk no jornal. Juju, o que você achou da abordagem do Zuenir sobre o funk no livro?

JUJU RUDE Olha, eu vi um sociólogo e um jornalista querendo realmente relatar o momento da sociedade. Eu não conheci o Caio Ferraz. E foi incrível Zuenir ter registrado a luta dele para que eu pudesse conhecer essa história de um ancestral daqui da favela, que também acreditava na cultura e na educação. Caio é uma referência para mim. Eu fiquei muito triste de só ter lido o livro agora, porque eu acho que ele é bastante importante para a sociologia do Brasil. Relata uma fase do Rio de Janeiro, falando não só sobre a criminalidade, mas sobre a cultura, algo que foi se desenvolvendo e está aqui até hoje. Eu achei muito interessantes as entrevistas, até com o Flávio Negão! O lance da linguagem, de ver as gírias da época, de 30 anos atrás, sendo usadas até hoje; de como os traficantes se expressam. É uma visão sobre a favela de uma pessoa branca, de uma vida de privilégios, que eu achei que foi até bem generosa. Ele não chegou a romantizar a realidade. E me surpreendi porque não mudou quase nada; as questões, as dificuldades e os olhares da sociedade ainda são os mesmos. Na época, Vigário Geral era apresentada nos noticiários como um dos lugares mais perigosos do Rio de Janeiro. Hoje, 31 anos depois, é a mesma coisa, mas virou o Complexo de Israel, que reúne cinco favelas: Vigário, Parada de Lucas, Cidade Alta, Cinco Bocas e Pica-Pau. Há ainda esse mesmo estigma, o que acaba refletindo um pouco até no meu trabalho artístico, porque, às vezes, eu sou hostilizada pelo fato de morar lá.

ISABELLA Como você lida com isso?

JUJU RUDE Tudo o que eu fazia era para fora e comecei a perceber que não estava praticando o hip hop de verdade, para ter uma influência na área, fazer a diferença no lugar de onde eu venho. Comecei a fazer uns raps, umas músicas usando as gírias que a galera costuma usar na favela. É onde entra a questão cultural da criminalização, porque cada facção tem uma gíria. Artisticamente, há, no meio da música, uma facção que faz mais sucesso, e o lugar de onde eu venho é de uma outra facção. Outros artistas usam isso como artifício para fechar as portas para mim, porque eu venho de Parada de Lucas. Tem uma parte no livro em que o Zuenir fala da questão de as gírias serem levadas para a "pista" junto com a cocaína. E ainda é assim. A gente cria cultura dentro da favela, e as pessoas de fora acabam absorvendo. E aí eu fiz um estudo sobre o funk e percebi que as músicas que falam sobre a saudade de pessoas que já se foram comoviam muito a galera. É aquele momento do baile em que o pessoal tinha mais um êxtase, um lance de cantar mais. E eu fiz uma música que fala mais ou menos assim:

"Logo cedo teve operação na favela e o clima tá tenso. Todo dia a mesma notícia que os menor bom tão morrendo. Fim de semana, os cria de luto. Silêncio, nem baile tá tendo. Pra esquecer a tristeza que bate só fumando um no sereno. Tá morrendo inocente e outros nem tanto. Dentro ou fora da lei, é o mesmo pranto. É a mesma cor, o mesmo desencanto." Enfim, eu fico até emocionada.

DJ MARLBORO Isso é hip hop?

JUJU RUDE É.

DJ MARLBORO Muito bom!

ISABELLA Ele vai te chamar pra um show!

JUJU RUDE Se quiser mudar alguma coisa, eu deixo *(risos).*

DJ MARLBORO Sabe o que acontece? Vou te contar uma história breve: quando eu ganhei a bateria eletrônica, eu montei dois grupos de cara, o Funk Firmeza e o África Batata, que era uma alusão ao Afrika Bambaataa. Eu ia para o estúdio com eles, e eles faziam músicas como os americanos, faziam a batida, a produção. E eu achava aquilo ruim pra cacete e me perguntava por que eu não estava conseguindo gostar do que estava fazendo. Eu me dividia em quatro personagens, ouvia aquilo que eu tinha feito como produtor, radialista, DJ do baile e público, que ouvia rádio e ouvia o baile. Eu tinha que agradar aos quatro personagens ou não iria lançar. Nós somos um povo de costumes melódicos. Não podemos falar. Aí, quando você cantou agora, fez esse hip hop cantado, eu pensei: "Cara, ela achou o caminho". Porque o hip hop falado não é da nossa cultura, não tem uma identidade com a nossa cultura. Nós somos o povo do axé, do forró, do tecnobrega, da música indígena, que é melódica, das músicas africanas, que são cantadas. Essa coisa de falar não funciona no Brasil. E eu vi os rappers de São Paulo fazendo sucesso, mas eles falam que o funk conseguiu nacionalizar, o que o hip hop não conseguiu. Eu achei ali na melodia, no tema, na brincadeira, na encarnação, a maneira brasileira de fazer música. E, quando eu vejo você cantar um hip hop com melodia, penso que é uma maneira de ser realmente brasileiro.

ISABELLA A Juju tem umas letras muito boas.

DJ MARLBORO Eu acredito. Pelo que ouvi, eu já vi que é legal, muito boa. A questão de colocar a melodia é aonde ela vai conseguir fazer a mensagem chegar, porque, se ela somente fala a mensagem, não chega ou chega para uma parte das pessoas que não consegue se concentrar e ouvir alguém falando por seis minutos.

JUJU RUDE É, hoje a galera não quer mais isso.

DJ MARLBORO Mas, para quem consegue ouvir seis minutos de um cara falando, a melodia é uma carona. Eu aprendi que, nos Estados Unidos, o abecedário é ensinado para as crianças cantando. E nós, que somos um povo melódico, ensinamos o abecedário falando. Que inversão! Tínhamos que ensinar o abecedário cantando, íamos alfabetizar muito mais crianças.

ANDERSON Quando tem a melodia, tem mais encanto.

DJ MARLBORO É a nossa cultura, cara. É nossa genética, somos um povo de costumes melódicos. A melodia dá carona para a mensagem. Música é mensagem. Nós é que somos bons ou maus decodificadores dessas mensagens. A mensagem não é, necessariamente, a letra da música.

JUJU RUDE A vibração também. A música vibra. É energia.

ANDERSON Tem tanta música gringa de que eu não quero nem saber a tradução, porque eu vou perder o tesão nela. Às vezes, para mim, ela bate como uma parada romântica e, quando eu vejo, não tem nada a ver.

DJ MARLBORO Eu falo para as pessoas que a letra fala para a razão, e a melodia fala para a emoção. Quando você tem uma letra e uma melodia e consegue que a razão e a emoção caminhem juntas, e as românticas fazem muito isso, há ali um casamento. Se música precisasse ter uma letra, Bach, Beethoven, nada disso existiria.

ISABELLA Juju, você afirma que o hip hop e o rap são trabalho, atitude e identidade. Marlboro ressalta a importância do funk de responsabilidade. O que vocês falariam em uma música que destacasse hoje a cidade?

JUJU RUDE Eu tenho dois lados, duas Juju Rude, a que canta o dia a dia da favela, do crime, da maconha, de ser uma mulher, e a que é mais social mesmo, que quer difundir conhecimento. Eu tenho uma militância pessoal, que é a de fazer com que a expressão "favelado e favelada" deixe de ser usada de forma pejorativa. Eu faço um trabalho de formiguinha, que é contar para as pessoas de onde vem esse nome favela, porque favela é uma árvore. Eu tenho uma música que ainda está em construção, que eu falo o seguinte no refrão: "Uma flor de favela que nasce em uma árvore forte, tão bonita e tem quem não goste, cheia de vida e eles chegam com a morte". Eu tento passar para as pessoas o lance do orgulho, apesar da miséria, apesar de todas essas condições nas quais a favela foi criada. É sobre nós termos esse orgulho de ser favelado, de termos a nossa história. Favela não é uma parada pejorativa, é realmente uma árvore que o Exército viu lá no morro em Canudos e trouxe pra cá. Essa é a minha militância.

DJ MARLBORO Até ler o livro do Zuenir, eu não percebia que a cidade era partida. Aquele exemplo sobre os bailes com mais de dez, 15 mil pessoas, lotados, na Zona Norte e que eram invisíveis, enquanto que na Zona Sul as boates tinham toda a visibilidade e mídia. Eu não entendia e não via o preconceito que existia. Pura ingenuidade! Quando li o livro, eu passei a entender melhor sobre o que era uma cidade partida e suas divisões. Foi uma revelação. Foi aí que eu comecei a enxergar o porquê das classes sociais, das divisões, das pessoas, do baile de corredor, do baile sem corredor. A cidade que já era partida. O livro do Zuenir mostrou, para mim e para um monte de gente, o quanto a cidade poderia se dividir mais ainda. O que veio a acontecer depois. Por isso é que a gente tem que estar muito atento.

ISABELLA Você disse que a música une.

DJ MARLBORO A música une as pessoas. A música unifica, a cultura unifica. Você pode perder a ingenuidade e se tornar tão mau quanto as pessoas que promovem essa divisão, mas você pode despertar para essa divisão tentando colar a cidade.

JUJU RUDE Só fazendo um adendo, sem querer te cortar. Nós, que somos lá de Vigário Geral, lá de Parada de Lucas, a gente já nasce vendo essa divisão, porque ali tem uma linha de trem, que corta a favela de um lado e o mundo do outro. Essa percepção de divisão está muito "na cara", é nítida.

DJ MARLBORO Uma criança ingênua, por exemplo, não vê isso. Ela acha que tem a mesma liberdade andando na favela e no asfalto.

JUJU RUDE Marlboro, hoje em dia não é mais assim. As crianças sabem já o que é fuzil.

DJ MARLBORO Elas aprendem.

JUJU RUDE Aprendem muito cedo, muito rápido.

DJ MARLBORO Mas elas não nascem com essa divisão.

JUJU RUDE Assim como também não nascem com racismo, elas vão aprendendo.

DJ MARLBORO Eu acho que, quanto mais você preserva sua ingenuidade, mais perto do divino você está.

JUJU RUDE Exatamente. Ao mesmo tempo que eu crio uma identidade para uma galera de lá de dentro da favela, por exemplo, eu faço esse movimento de falar da comunidade, de cantar o nome da comunidade nas minhas músicas. Eu tenho as portas fechadas na pista pelo fato de eu falar do orgulho de Parada de Lucas, mas os moradores veem isso como uma coisa legal. Eu uso até de forma política.

ROBERTO Eu queria que vocês falassem um pouquinho desse processo que a cidade viveu nestes últimos 30 anos, para onde a cidade está levando a gente?

DJ MARLBORO Rapaz, existem maneiras de colar a cidade, unir em uma cidade só. Eu estou na ponte e vendo tudo acontecer, eu sei exatamente o que deve ser feito para que a guerra acabe, e as pessoas não morram. Eu sou DJ desde 1977 e frequento favela desde que o 38 era a arma mais poderosa lá. Era muito difícil alguém ter arma; quando tinha, era um poder quase que máximo dentro da favela. O dono da favela tinha três, quatro armas. O tempo foi passando, e eu vi a primeira AR-15 chegar à Favela do Rato Molhado, perto do Engenho de Dentro, ali no Engenho Novo. Passou um tempo, o Complexo do Alemão comprou seis AR-15. Nos bailes, os caras pareciam até modelos, com as armas penduradas, porque era o status máximo do poder da favela. Anos depois, eu vi AR-15 ser lixo na favela, virar brinquedo de criança. Todas tinham o poder de matar, de furar caveirão e parede. Não sei como é que está agora. Eu vi tudo isso acontecer de perto. Eu vi a transformação e a metamorfose. Eu fiz campanha para o desarmamento, mas fui ingênuo. Porque, como eu fico na ponte, vi o desarmamento perder. Eu fui ingênuo, mas eu não me arrependo, porque isso me ensinou também. Eu vi o tráfico ser considerado crime hediondo e vi o playboy que fuma e cheira ser tratado com "coitadismo", como doentinho.

JUJU RUDE Jovem estudante...

DJ MARLBORO Eu falei: "Pera aí, tem alguma coisa errada nessa porra. O cara que vende, trafica é hediondo, e o cara que o financia é o coitadinho? Tem alguma coisa errada". Hoje, a cura da cidade é exatamente a criminalização da droga. Quando era adolescente, eu vivia num lugar em que você tinha um amigo maconheiro e corria dele. Você encontrar alguém que cheirava era muito difícil! A liberação das drogas é o fim do mundo, é o fim da juventude, é você promover a criminalidade, dar liberdade para a criminalidade, promover mais armas, mais mortes e guerras. Quando uma guerra acaba? Quando acaba o dinheiro. Mas, enquanto tiver alguém financiando um dos lados, financiando a guerra, ela vai continuar.

JUJU RUDE Eu penso completamente diferente.

DJ MARLBORO Eu acho legal você pensar diferente, mas eu que estou na ponte, que não estou em um dos lados, vejo que a bala que mata o culpado, o inocente, a criança sai do bolso de alguém. Claro que quem fuma e cheira não vai defender essa tese, porque é uma tese real. Se não tiver o dinheiro, não tem bala, não tem arma. Mas não adianta você também só combater o crime. Você tem que dar a oportunidade para as pessoas não precisarem do crime. Quando você tem lá três, quatro, cinco, dez MCs de sucesso na favela, aquele menino não vê mais o traficante como herói ou como o cara em que ele tem que se espelhar para amanhã querer o lugar dele. Ele já vê o MC, porque os dois têm dinheiro, os dois têm o cordão de ouro, os dois têm carrão, só que um tem liberdade, o outro, não. Eu quero ser quem? Eu quero ser o cara que anda pela cidade, vai à televisão, vai para todo lugar e que é respeitado pela polícia. A polícia tem até medo de tocar no artista na favela porque sabe que pode dar problema.

JUJU RUDE Eu não gosto de polícia.

DJ MARLBORO Mas não é para gostar de polícia, não. Quem mora em favela já viu tantas covardias que eles fizeram, tanta corrupção. Eu tenho amigos de infância que são da polícia, amigos de infância que são da milícia, amigos de infância que estão em Bangu 1, 2 e 3.

ANDERSON Marlboro, e o que você pegaria como tema, uma música pro *Cidade partida* que o Zuenir escreveu e uma música pro *Cidade partida* que a gente tá querendo fazer 30 anos depois? Você acha que "Nosso Sonho" é a música dessas duas fases ou existiria uma música para cada tempo?

DJ MARLBORO Eu acho que o "Rap da Felicidade", que é atualíssimo, é daquele tempo e continua expressando a mensagem do que é preciso fazer para curar a cidade.

ANDERSON Então temos que ouvir incansavelmente o "Rap da Felicidade" para aprender?

DJ MARLBORO Mais do que ouvir, a gente tem que traduzir, porque o cara fala "O povo tem a força, só precisa descobrir. Se eles não fazem nada, faremos todos daqui". É sobre o nosso dia a dia; é nós por nós mesmos.

JUJU RUDE Esse "faremos todos daqui" acabou se tornando o poder do tráfico.

DJ MARLBORO Não, eu não vejo como o poder do tráfico. Eu vejo que são as pessoas que querem a solução pro problema que estão vendo.

JUJU RUDE Na minha comunidade, o nosso prefeito é o dono da favela, que cuida das ruas, bota pessoas para limpar, faz ponte e tudo. A área de lazer de lá foi ele quem reformou.

DJ MARLBORO Você concorda comigo que nem toda favela é assim?

JUJU RUDE Com certeza.

DJ MARLBORO Aí é que tá, porque são pessoas de bem que estão a serviço do mal, a serviço do crime. São pessoas que não deviam estar no crime porque são pessoas boas, e acabam dando para o crime um glamour que não deveria ter, uma honra, uma justiça, um equilíbrio, sendo o governo que aquela galera não tem.

JUJU RUDE E isso acaba sendo um efeito meio que tardio de um certo tipo de aquilombamento. Porque nós que vivemos em comunidade sempre tivemos um líder, um representante. E isso acabou sendo passado para o cara que tem o poder bélico. Hoje nós vivemos assim: essa representatividade acaba sendo do tráfico, porque mesmo que não houvesse tráfico a gente não teria o assistencialismo do governo. Seríamos um espaço que continuaria sendo abandonado. E isso também por conta do racismo estrutural que existe; justamente porque ainda existem essas memórias de que nós não precisamos, de que somos a escória, essa sensação de que ainda somos serventes, vistos apenas como mão de obra. Prova disso é que ainda existem linhas de ônibus que só funcionam em um certo horário de manhã para ir para a Zona Sul e um certo horário à tarde para voltar, porque não querem que haja essa transição na cidade de pessoas periféricas. Não querem essa liberdade para nós, que somos favelados, irmos para a praia, por exemplo. E, falando sobre as drogas, eu acho que não adianta criminalizar, porque desde que o mundo é mundo o ser humano achou uma forma de usar algum alucinógeno. E não é criminalizando, não é proibindo que as pessoas que gostam vão deixar de usar.

MAURO Anderson, o que aquele garoto de 16 anos se lembra da chacina de Vigário Geral? Como isso marcou você e sua família?

ANDERSON Eu estava voltando de um baile funk, dentro de Vigário, no clube União de Vigário Geral. Perto, inclusive, da Praça Catolé do Rocha, onde, um dia antes, os traficantes haviam matado os quatro policiais. Tinha todo aquele clima de "não vai para o baile" por causa disso. A gente foi e curtiu, tranquilamente. Quando saímos de lá, aconteceu o que a gente temia. Paramos para beber na esquina e, de repente, por volta de onze horas da noite, começou um "pá, pá, pá, pá!". Aquele tiroteio todo, que a gente achava normal quando a polícia estava na favela. Dali a pouco, a gente começou a perceber que eram muitos tiros. Na favela, é assim, a gente começa a ter o ouvido muito aguçado, começa a saber onde está o tiro: tiro na ponta da favela, tiro mais para o meio, e, geralmente, quando o tiro é na principal, são os policiais invadindo a favela. E não parava, era tiro para trás, mais para trás, tiro atrás da favela, tiro na ponta, e aí começamos a escutar gritos de pessoas. Gritos de mulheres, eu me lembro. De repente, deu um cessar nos tiros. Um rapaz que passava por ali, que morava no final da rua, correu para a minha casa. E ouvimos mais tiros. É aquela coisa, se eu tivesse saído do baile dez segundos antes, 20 segundos antes, poderia ter esbarrado com aqueles policiais, que poderiam ter matado a minha mãe e aquele menino. Cheguei em casa e escutamos alguém na porta gritando pelo nome da minha mãe e dizendo que havia acontecido uma tragédia. Nunca irei me esquecer. Ele gritava: "Mataram um monte de gente em um bar, e eu acho que seu irmão está lá". Meu coração fez "tum, tum, tum, tum, tum, tum, tum". "Bicho, mataram meu tio", pensei, com a vontade de ir à boca de fumo, conseguir uma arma para pegar os policiais também. Eu não tinha nada a ver com crime, mas veio aquela revolta. Tinham acabado de matar uma pessoa da minha família. Fui com a minha mãe ao bar do seu Joacir, entrei e fui me deparando com um morto aqui, o outro ali e aquele mundo de tiros. O bar todo destruído, parecia um cenário de guerra. Foi o que a televisão mostrou. Um tio meu faleceu, e o outro foi sobrevivente. Me espantei com o que os policiais haviam feito. Meu tio não era da boca! Logo depois, tomávamos conhecimento de outras pessoas assassinadas na casa em frente ao bar, a casa dos evangélicos. Eu fui lá, mas eles não queriam deixar as crianças entrarem. Eu era novo, tinha 14, 15 anos. Vários moradores saíram em direção à boca para falar com os caras, pedindo armas para revidar. O Flávio Negão comandava o tráfico na época e teve a consciência de tentar acalmar a gente, porque, se ele fosse um traficante porra-louca, pegava um monte desses moleques kamikazes e ia ser uma loucura. A gente ia parar Vigário Geral. Quem passasse de polícia ia morrer.

ISABELLA O Flavio Negão contou, na entrevista ao Zuenir, que viu toda a chacina. Ele estava numa casa perto, mas diz que decidiu não confrontar porque viu que a cena "era de perder mesmo".

ANDERSON É, foram muitos policiais. Meu tio que sobreviveu à chacina contou que, obviamente, os policiais estavam muito drogados. Sabemos que os traficantes mataram um dia antes os policiais amigos deles, mas, então, que matassem os caras que mataram os policiais amigos deles. O que é que meu tio e aquelas pessoas tinham a ver com aquilo? A loucura da chacina desestruturou totalmente a favela.

ISABELLA Como é que você percebe Vigário Geral 30 anos atrás e hoje?

ANDERSON Eu posso dizer que é um lugar melhor de viver. Por alguns períodos, eu saí de Vigário, com a projeção do trabalho do AfroReggae. Fui morar fora e voltei agora, nos últimos três anos, para cuidar da minha mãe, que está com 72 anos, mas acamada, com Alzheimer, e do meu pai, com 84 anos. E fico feliz por ter visto e feito parte do renascimento de Vigário Geral por meio do AfroReggae. Hoje, tem outras atividades na comunidade. A Juju é um novo AfroReggae. Tem uma galera em Parada de Lucas fazendo funk também, e eu considero esses novos artistas o "novo AfroReggae". Temos um posto de saúde dentro de Vigário Geral. Mas ainda tem criminalidade, isso é inevitável. Mas, graças a Deus, uma criminalidade onde há um diálogo. Não tem como falar que o traficante não quer o bem da comunidade dele porque é o lugar em que ele vive. Mas que ele faz o mal, ele faz. É crime. Mas hoje a gente consegue ter uma Vigário Geral mais tranquila, onde os jovens têm mais oportunidades, uma perspectiva de vida melhor. Continua a ser uma favela como qualquer outra.

DJ MARLBORO Você não acha que o fim da rivalidade com Parada de Lucas ajudou nesse apaziguamento da favela?

ANDERSON Sim, Vigário Geral, pelo fato de a outra facção ter tomado a favela, passou a ter uma tranquilidade, o confronto com Parada de Lucas acabou. Vigário sempre teve a patente do Comando Vermelho, e Lucas, do Terceiro Comando. Nos últimos 15 anos mais ou menos, Lucas tomou Vigário e, consequentemente, tomou a Cidade Alta e a Cinco Bocas. Então, hoje há ali o que eles chamam, mas eu tenho o direito de não querer chamar, de Complexo de Israel. Eu continuo achando que o Vigário é Vigário, Lucas é Lucas, Cidade Alta é Cidade Alta, Beira Pica-Pau é Beira Pica-Pau, Cinco Bocas é Cinco Bocas. O complexo formado ali tem uma paz aparente. Pelo menos, não tem confronto. E a gente tem essa riqueza: moradores que não podiam se ver, se veem; pessoas que não podiam namorar, hoje namoram; pessoas que não podiam circular, hoje circulam. Então, há essas coisas positivas.

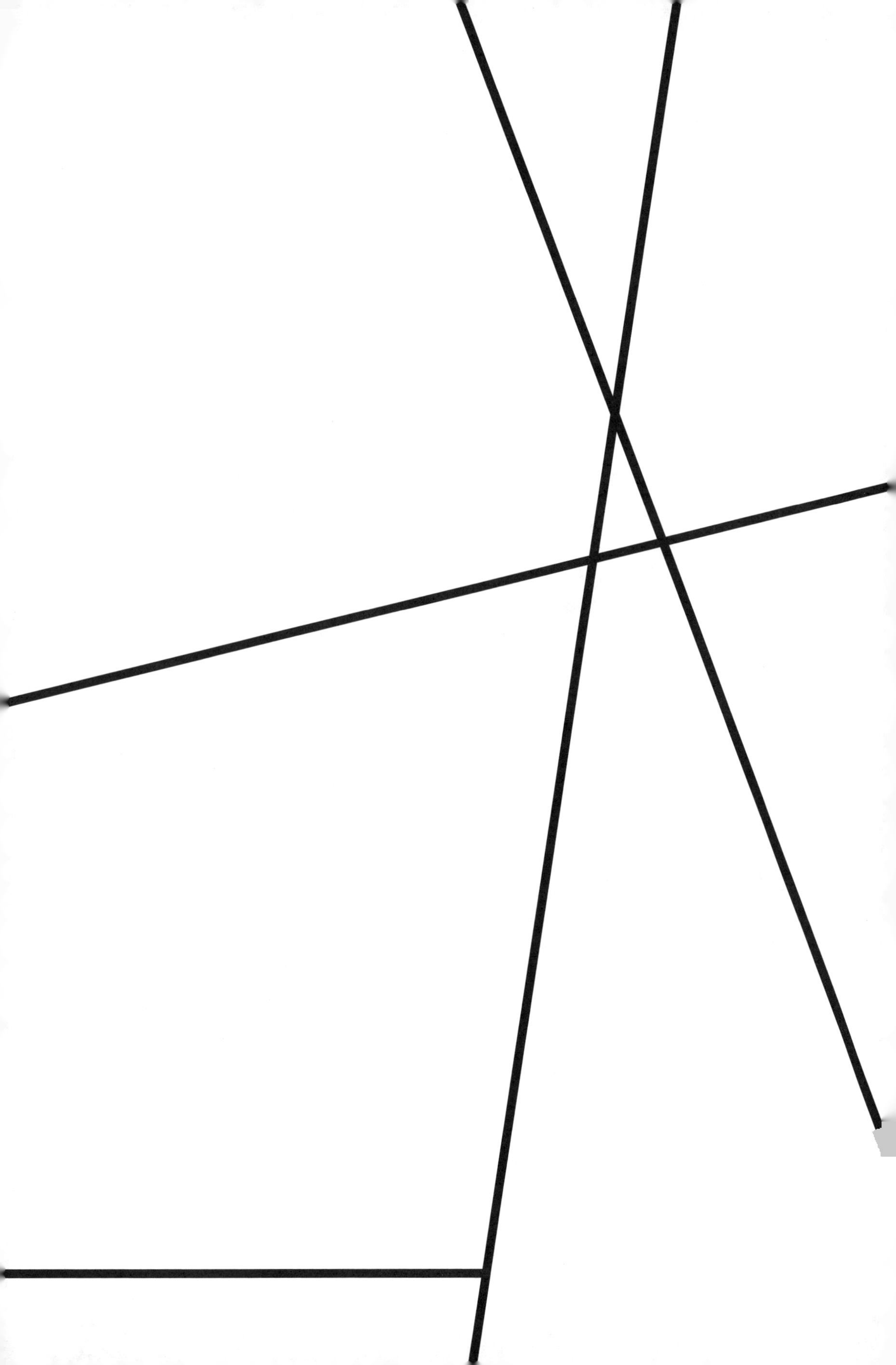

ESCOLA DE FOTÓGRAFOS POPULARES/
IMAGENS DO POVO, O RIPPER E O BIRA

20 ANOS DE AFETOS, OLHARES E PERCEPÇÕES

A DELICADEZA E A BELEZA DAS IMAGENS de João Roberto Ripper e Bira Carvalho (*in memoriam*) nos convidam para mergulhar nas reflexões coletivas que *Cidade partida – 30 anos depois* propõe sobre a obra "Cidade Partida", de Zuenir Ventura, lançada em 1994. Um encontro fotográfico de dois amigos e parceiros no ensino da fotografia humanista, em uma viagem por tempos e lugares que só mesmo as artes podem permitir; aqui, especialmente, a literatura e a fotografia.

Esse encontro atemporal entre Ripper e Bira é resultado de um trabalho de curadoria que juntou o próprio Ripper, seu filho, o também fotógrafo Thiago Ripper, a designer Sônia Barreto, o irmão de Bira, Mario Zeferino de Carvalho, Dante Gastaldoni e nós, organizadores.

Ripper e Bira se conheceram na Escola de Fotógrafos Populares/Imagens do Povo – um "projeto pedagógico revolucionário" na Maré, complexo de favelas na cidade do Rio de Janeiro, com curso de fotografia para os moradores, complementado por uma banco de imagens, uma agência de fotografia e uma galeria de arte –, criada há 20 anos em uma iniciativa de Ripper, Ricardo Funari e do Observatório de Favelas. Logo em seguida, se juntaram ao grupo Dante e Kita Pedroza.

Nas capas internas, apresentamos uma galeria de fotos de alguns dos primeiros profissionais formados pela escola, com uma pequena mostra de seus trabalhos nesses últimos 20 anos, selecionados por eles mesmos: AF Rodrigues, Bira Carvalho (com fotos indicadas por Ripper), Elisangela Leite, Fábio Caffe, Francisco Valdean e Ratão Diniz, que nos levam a uma riqueza de momentos, sentidos, pessoas e lugares.

João Roberto Ripper é carioca, tem 71 anos e se autointitula "fotógrafo documental humanista". Jornalista, tem em sua trajetória trabalhos para importantes veículos de comunicação, tais como *Luta Democrática*, *Diário de Notícias*, *Última Hora* e *O*

Globo. Ripper sempre foi ativo na militância trabalhista e sindical. Fundou o Imagens da Terra, uma cooperativa de fotógrafos especializada em fotografia documental centrada na denúncia social, e considera como sua contribuição mais importante a criação da Escola de Fotógrafos Populares. Afirma que veio dessa experiência a semente que germinou, em 2010, as oficinas de fotografia do Bem-Querer, em que se propõe a formar fotógrafos junto às favelas e às populações tradicionais, para que possam documentar seus próprios territórios sob a ótica do pertencimento e do afeto.

Ubirajara Carvalho, o Bira, nascido em Niterói, formou-se fotógrafo na primeira turma da Escola de Fotógrafos Populares/ Imagens do Povo, aos 31 anos. Durante 17 anos, registrou o cotidiano da favela, militou pelos direitos das pessoas de sua comunidade, ensinou a técnica do *pinhole* para crianças e jovens, revelou momentos e acontecimentos que expressavam as belezas das pessoas, mas também as denúncias sobre violências. Seu acervo reúne mais de 17 mil fotos. Bira morreu aos 51 anos, em novembro de 2021.

No dia 20 de julho de 2024, conversamos com Ripper, e aqui compartilhamos uma pequena parte da entrevista com o mestre do Bem-Querer na fotografia.

ISABELLA A Escola de Fotógrafos Populares/Imagens do Povo completa 20 anos em 2024. O que o levou a criar o projeto na Maré?

RIPPER Foi, na verdade, uma insatisfação muito grande que eu tinha com tudo o que via publicado e que incluía a minha participação como fotógrafo do *Globo*. Era muito difícil eu me sentir satisfeito com o resultado, que não é só o fotográfico, mas o resultado de informação. E comecei a pensar que a informação, se não trabalhada coletivamente, se não expressasse aquilo que fosse o sentimento de quem vive nos locais, ela ia sair sempre quebrada, com uma ótica do dono da mídia, do empresário, do poder que oprime.

ISABELLA Qual era o sentido que o projeto trazia?

RIPPER Trazia justamente uma contestação: um trabalho jornalístico, também de arte, mas, principalmente, um trabalho jornalístico, com não jornalistas, que pudessem se expressar também. E aí já era a primeira grande mudança, que eu achava que tinha que acontecer, de aquelas pessoas, os moradores das favelas, poderem falar.

ISABELLA E o que você via de diferente nessa proposta, comparando o trabalho dos fotógrafos do jornal que iam fotografar as favelas e o dos alunos que você estava formando e passavam a fotografar a vida nas favelas?

RIPPER Esse projeto aconteceu durante o convite do Observatório de Favelas para eu fotografar as favelas com um olhar que não fosse o da grande mídia. Eles conheciam o meu trabalho e me chamaram para trabalhar em uma linha com a qual eu concordava plenamente. E aí eu sugeri que, em vez de eu continuar fotografando, a gente criasse a escola. Eu refleti muito após a documentação que havia feito antes de criar a escola, quando pude ouvir muita gente e percebi que as pessoas não se sentiam bem com as informações que saíam publicadas. Elas tinham uma crítica muito parecida e comentavam sobre a chegada de jornalistas na favela, com a certeza de que no dia seguinte iria "ter porrada na gente". E aí eu me entendi nesse processo. Até então eu era jornalista, repórter fotográfico, vamos dizer assim, de jornal; eu sabia que não se podia aceitar só as ordens de quem te chefiava e buscava trazer coisas novas, porque achava que a decisão sobre o que publicar acabava sendo muito subserviente às ideias do poder.

ISABELLA E aí, com a criação da escola, você passa a trabalhar com outras pessoas, corpos, olhares, vivências?

RIPPER É isso mesmo. Não só eu passo a trabalhar exatamente com outros olhares, outras vivências, outros corpos, mas também começo a tentar rever, com uma atitude prática, aqueles conceitos jornalísticos todos que eu questionava. E a grande mudança que teve foi que os fotógrafos formados na escola participavam da edição do material. Deixou de ser uma edição submetida aos chefes de fotografia ou de redação, e aos interesses dos donos do jornal, de empresas e partidos políticos, que estão ligados a uma manutenção de um poder e que fazem parte desse processo de opressão. O grande barato da mudança é que você deixa de editar com o teu chefe para editar com a pessoa fotografada.

ISABELLA **Isso tem a ver com o seu método de fotografar, o Bem-Querer?**

RIPPER É totalmente o Bem-Querer. Porque, quando você vai fotografar e editar com quem você fotografa, você começa a raciocinar e ver que, se decidiu ouvir as pessoas de uma comunidade, de uma favela, seja do lugar que for, quanto mais é permitido a você estar presente mais você começa a ter um trabalho onde se consegue naturalidade nas fotos. Esse, eu acho, o grande diferencial, porque as pessoas começam a te aceitar. Agora, se as pessoas aceitam e permitem que você esteja fotografando a vida delas, por que é que a gente não pode discutir isso e permitir também que elas possam participar da escolha do que vai ser publicado?

ISABELLA **No caso dos fotógrafos formados pela escola, você entendia que eles iriam fotografar considerando esse cuidado com as pessoas e suas vivências?**

RIPPER Exatamente isso. A pessoa abre a vida dela para você. Aí, na hora de escolher o que publicar, por que não poder ouvir aquele que te abriu a vida? É uma mudança de concepção total. Você deixa de ser influenciado pelo seu chefe ou pela visão do jornal ou pela visão do poder, abrindo espaço para compartilhar a edição com quem foi documentado. Então, a documentação passa a ser uma edição muito mais popular e coletiva do que de uma visão de poder.

ISABELLA **Quando você fala sobre uma visão popular e coletiva, quer dizer que o registro pode estar mais próximo de uma realidade?**

RIPPER Eu acho que sim, porque o profissional vai viver, ouvir, colher e dar prioridade aos sentimentos e fazeres daquelas populações, daqueles locais. E vai, ainda mais, subverter isso, porque vai dar não só a oportunidade para eles te abraçarem, te receberem, mas participarem da escolha. Afinal, essa escolha do que vai ser revelado, publicado, é muito determinante para haver as mudanças. Quando você publica, está levando informação, sugestão, porque todas as ideias jornalísticas têm um efeito publicitário mesmo. É uma outra percepção.

ISABELLA **Qual a avaliação que você faz ao olhar para esses últimos 20 anos em que a escola formou uma série de fotógrafos, e que essa produção deles foi para a imprensa, projetos e exposições?**

RIPPER Hoje, há os movimentos por direitos, os mais diversos, e, portanto, a escola tem uma força política muito maior. Eles hoje vestem aquela escola com coisas novas e passaram a ser protagonistas de mudança. Então, colocam em questão como fazer com que a comunicação aproxime as pessoas e não as afaste. A Escola de Fotografia Popular[1] aprofunda uma discussão para dizer que existe uma fotografia que é o pensamento dessas pessoas.

ISABELLA **E vocês criaram um banco de imagens. O que isso significou de mudança?**

RIPPER Hoje eles têm um caminho diferente, e vai ser fantástico quando a escola e a documentação fotográfica estiverem caminhando muito mais juntas. E o avanço é muito grande, porque hoje se faz documentação considerando os problemas que existem dentro da Maré, que são problemas de outras favelas, e que também existem na sociedade fora da favela. E as imagens podem ser compradas, expostas, abrindo espaço para uma outra percepção da sociedade sobre o cotidiano das favelas.

ISABELLA **Quando o livro *Cidade partida* foi lançado, há 30 anos, provocou um conceito, um apelido com o qual muitas pessoas concordaram, discordaram, utilizaram-no como argumentos na defesa de projetos. Essa questão "cidade partida" permeou as suas ações na favela?**

RIPPER Eu acho que permeou, sim, como acho que permeou para a sociedade inteira, que pôde discutir isso. Inclusive, possibilitou, no que se refere às lutas sociais, questionar: "Então, a grande luta é caminhar para quê? Para uma cidade 'não partida', para poder discutir quais são os segmentos quebrados? Como é que a gente junta os cacos, ou não junta os cacos, e aí vai se deixar bem clara essa diferença?". A partir dali acho que todos os elementos que permitiam trabalhos para questionamentos humanitários foram facilitados. Ou foram criados caminhos para que as pessoas pudessem seguir. Eu, por exemplo, ficava incomodado porque via a cidade partida e via também que as pessoas percebiam isso de forma diferente.

ISABELLA **Como assim te incomodava?**

RIPPER Não me incomodava o que o livro trazia. O que me incomodava era um acomodamento da sociedade, era a cidade estar partida, e isso aparecia na hora em que íamos fazer um trabalho questionando como iríamos diminuir essa diferença de uma cidade tão partida. Era um negócio extremamente difícil. Em todos os caminhos de trabalho, eu sempre precisei pensar em como é que iria trazer justiça para quem está na parte partida, para quem fica esparramado aqui por baixo, para quem nunca tem espaço para uma visão mais livre de si. Também em como a cidade partida se encaixa, por exemplo, dentro dos veículos de comunicação. Eles estão fazendo uma comunicação que só aumenta as diferenças sociais, e que mostra as diferenças dos espaços quebrados nessa cidade partida. Eles deveriam estar ajudando a aproximar as pessoas, dar voz e espaço a quem não pode falar; esse é o porquê da comunicação! Então, eu via nas minhas documentações feitas na imprensa uma diferença muito grande do que era publicado para o que havíamos visto na reportagem, e achei que devíamos lutar contra isso. Além disso, eu via e ouvia, da parte dos moradores de favelas, uma insatisfação muito grande nas documentações sobre a favela.

ISABELLA **Nesses 20 anos da escola, quais as conquistas que vocês tiveram?**

RIPPER Olhando esse trajeto, aquilo que a gente pensou aconteceu. Na verdade, hoje você sente e vê por parte dos fotógrafos da escola uma demonstração de muita força em apresentar como são, em vez de ter uma visão padronizada. Eles têm uma consciência muito grande sobre isso e querem também mostrar essa força, essa beleza das pessoas das favelas, além das injustiças que sofrem.

Isabella: Vamos falar sobre Bira Carvalho?

RIPPER O Bira é uma pessoa que tem uma importância muito grande porque ele abraçou esse projeto e resgatou as questões antigas que a gente sonhava com o jornalismo, que ouvia quando estudava jornalismo. Entre elas, poder dar espaço a quem não tem voz para falar. Ele era uma referência dentro dessas comunidades. Era uma pessoa admirada e enfrentou uma luta muito grande com questionamentos sobre as desigualdades e injustiças que percebia. Até então, ele era uma pessoa admirada como cria da favela. E aí, quando ele vai para a escola, passa a ser admirado como um fotógrafo e pode usufruir dessa circulação que tinha nas comunidades todas que formam a Maré. Ele traz isso também em documentações.

ISABELLA **E sobre a fotografia de Bira? Ele dizia que a vantagem que tinha de ser cadeirante era que fotografava as crianças na altura delas.**

RIPPER Sim, na fotografia, ele às vezes usava essa situação para dar uma dimensão grande, uma dimensão aberta, uma dimensão de esperança até. Isso ocorria, por exemplo, quando ele fazia fotos gerais mostrando crianças correndo. Ele podia ter uma observação diferente e jogava nas fotos o que sentia na alma. Eu e Bira tínhamos uma relação bem especial, conversávamos muito, nos encontrávamos muito e brigávamos muito *(risos).*

ISABELLA **Cidade partida, os últimos 20, 30 anos, a fotografia, os fotógrafos formados, a escola. Como você vê tudo isso?**

RIPPER Eu gostaria de dizer que, às vezes, parece impossível realizar algo, mas, se você tem uma discordância com o que está acontecendo na sociedade, se você tem a ideia de um caminho, aponte esse caminho e siga em frente. E eu vejo essa turma da escola fazer isso.

Nota

1 A Escola de Fotógrafos Populares/Imagens do Povo passou a se chamar Escola de Fotografia Popular.

AF RODRIGUES

Morador da Maré, formado pela Escola de Fotógrafos Populares/ Imagens do Povo. Estudou Ciências Agrícolas (UFRRJ) e Geografia (UFF). Trabalhou na Coordenadoria Especial de Comunicação da cidade do Rio. Participou de exposições no Brasil e no exterior. Suas fotos buscam a quebra dos estereótipos, a ressignificação do imaginário de favela e a promoção de memórias.

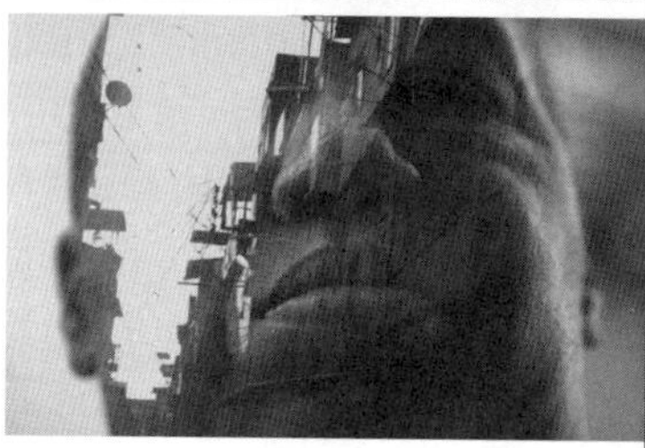

BIRA CARVALHO (1970-2021)

Morador da Maré, formado pela Escola de Fotógrafos Populares/ Imagens do Povo, do qual também foi coordenador. Militante pelos direitos da comunidade, deixou um acervo de mais de 17 mil fotos de moradores, festas, operações policiais e crianças. Cadeirante, dizia ter um especial ponto de vista por poder fotografá-las na altura de seus olhos.

ELISÂNGELA LEITE

Moradora da Maré, formada pela Escola de Fotógrafos Populares/ Imagens do Povo e integrante da equipe de fotógrafos do jornal comunitário *Maré de Notícias.* Pedagoga (Uerj), em seus trabalhos esboça uma imag em da sociedade brasileira e dos aspectos da vida que atingem os diversos grupos sociais.

FÁBIO CAFFÉ

Fotógrafo da UFRJ, doutorando em Comunicação (Uerj), mestre em Educação, Cultura e Comunicação em Periferias Urbanas pela FEBF-Uerj e graduado em cinema (UFF). Formado pela Escola de Fotógrafos Populares/Imagens do Povo, integra os coletivos Favela em Foco e Fotografia, Periferia e Memória.

FRANCISCO VALDEAN

Morador da Maré, formado pela Escola de Fotógrafos Populares/Imagens do Povo, pesquisador, criou o Museu da Imagem Itinerante da Maré (MIIM), que funciona em uma caixa de papelão de 37×26×15cm. O acervo imagético, exibido nas ruas, casas, bares, escolas e ONGs da Maré, abrange cultura, arte, política e vida cotidiana dos anos 1940 até hoje.

RATÃO DINIZ

Formado pela Escola de Fotógrafos Populares/Imagens do Povo, fundada na favela da Maré. Com seu olhar diferenciado, Ratão realiza um trabalho permanente de documentação dos espaços populares de todo o Brasil.

Este livro é resultado de um projeto que reuniu a Blooks Projetos, a MINA Comunicação e Arte e a Firjan SESI e teve uma primeira edição limitada e não comercializada. Em uma iniciativa inédita, a Blooks, a MINA e a Pallas lançam a segunda edição para distribuição nacional, no ano em que a editora celebra 50 anos.

fontes Richmond Text e Helvetica Neue
papel offset 75g/m²
impressão Gráfica Edelbra, maio de 2025
2ª edição

Dados Internacionais de Catalogação na Publicação (CIP)
(Câmara Brasileira do Livro, SP, Brasil)

Cidade partida : 30 anos depois : reflexões sobre a obra de Zuenir Ventura / [organização Elisa Ventura, Isabella Rosado Nunes, Mauro Ventura]. -- 2. ed. -- Rio de Janeiro : Pallas Editora : Blooks Projetos : Mina Comunicação e Arte, 2025.

ISBN 978-65-5602-161-4 (Pallas Editora)
ISBN 978-65-984241-1-4 (Blooks Projetos)
ISBN 978-65-992547-4-1 (Mina Comunicação e Arte)

1. Entrevistas jornalísticas 2. Jornalistas - Brasil - Memórias 3. Ventura, Zuenir, 1931- - Entrevistas I. Ventura, Elisa. II. Nunes, Isabella Rosado. III. Ventura, Mauro.

25-261586 CDD-070.444092

Índices para catálogo sistemático:
1. Entrevistas : Jornalismo 070.444092

Eliete Marques da Silva - Bibliotecária - CRB-8/9380